자신의 운명과 세계의 역사를 바꾼

공주들의 전쟁

박 선 식 지음

주류성

지은이 박선식
펴낸이 최병식
펴낸날 2011년 4월 5일
펴낸곳 주류성출판사
　　　　　서울시 서초구 서초동 1308-25 강남오피스텔 1309호
　　　　　전화 02-3481-1024(대표) 전송 02-3482-0656
　　　　　www.juluesung.co.kr
　　　　　e-mail : juluesung@yahoo.co.kr
책값 12,000원
ISBN 978-89-6246-053-7 03900

잘못된 책은 바꿔드립니다.

자신의 운명과 세계의 역사를 바꾼 공주들의 전쟁

공주들의 전쟁

박선식 지음

차 례

지은이의 말

21세기, 공주의 의미는 타고난 특권층으로 나약하고 의존적이며 운명적으로 호사를 누리는 사람처럼 인식되고 있다. 오죽하면 '공주병'이라는 말까지 나왔을까. '바비인형' 같은 공주 신화를 만들어낸 것은 역시 매스미디어의 힘이다. 그렇다면 인류사의 공주들이 정말 이런 '공주병'에 걸린 공주였을까.

21세기를 살아가는 우리에게 역사적으로 가장 풍요롭고 가장 편안하게 살았을 것처럼 여겨지는 공주들의 삶의 실체는 결코 풍요롭거나, 편안하거나, 호사스럽지 않았다. 많은 공주들이 권력투쟁과 정치적 음모의 인과관계 속에서 때로는 생명의 보존조차 보장받지 못하고 절체절명의 위기를 맞이하곤 했다. 게다가 여성으로서 가장 행복해야 할 인생의 과정인 결혼조차 정략적 속셈에 따라 좌우되었으니, 스스로 원하던 사랑조차 이룰 수 없었던 불행한 삶을 산 여성들이었다.

21세기 여성들이 옛날 공주들의 치열한 삶을 통해 극복과 성공이라는 흔한 단어를 다시 한 번 되뇔 수 있길 바란다면 순진한 생각일까. 그렇다고 어떤 공주가 여걸이나 여장부처럼 위대한 족적을 남겼다고 해서 그 여성을 뒤따라갈 필요는 없다. 이 책을 통해, 주인공으로 등장한 스무 명의 공주를 통해, 다만 어떤 위대한 여성이 걸어온 고통과 극복의 경로, 그리고 성공을 향한 구체적 실천의 모습이 무엇인지 생각해보는 계기가 되길 바랄 뿐이다.

　　마음먹기 따라서 평생을 호의호식할 수 있는 궁궐 속 공주로 살수도 있었지만, 자신이 원하는 자신의 삶을 찾아 운명을 개척한 스무 명의 공주들이 21세기 여성들에게 말한다.

　　"여성들이여, 공주처럼 꿈꾸고, 전사처럼 이겨내라"

2011년 봄
박선식

아황과 여영공주

순(舜)을 만든 요(堯)의 딸들

아황과 여영은 요임금의 딸들이다. 요임금은 중국에서도 전설상의 인물로 여겨지므로 두 공주 역시 역사에 실제 인물은 아니다. 그렇지만 두 공주의 이야기를 통해 먼 옛날 고대 사회의 결혼관과 사회상을 살펴볼 수 있다. 특히 자매이면서도 한 남자에게 함께 시집을 간 점, 남편인 순이 요의 뒤를 이어 임금에 오르도록 내조한 것, 순임금이 죽자 지아비를 따라 죽은 것은 순종적이면서도 가정적인 동양의 여성상을 떠올리게 한다.

흔히 태평성대 하면 중국의 요순시절을 떠올린다. 전설상의 인물인 요와 순이 다스리던 시대로, '백성들이 배를 두드리고 발로 땅을 구르며 노래를 부르고 살았던〔鼓腹擊壤, 고복격양〕' 시대다. 이 시대에 두 명의 공주가 있었으니 아황(娥皇)과 여영(女英)이다. 요임금의 딸들인 이들은 순수하고 돈독하여 백성들로부터 칭송을 받았다. 이 두 공주는 함께 순에게 시집을 갔는데, 여기에는 요임금의 고민이 숨겨져 있었다.

순에게 시집을 간 아황과 여영

요임금에 대한 일화는 중국 전통 산문의 근원인 「상서」의 '요전'과 사마천이 지은 「사기」의 '오제본기'에 실려 있다. 이에 따르면 요는 임금이면서도 검소하게 살았음을 알 수 있는데, '풀잎을 엮어 지붕을 삼은 초가집에 살았고, 벽에는 석회조차 바르지 않았다'고 씌어 있다. 또한 현미와 야채가 주식이었고, 사슴 가죽 한 장으로 추위를 견뎠다고 한다. 더욱이 그 옷이 너덜거릴 정도까지 걸쳤다는 것이다. 다소 과장된 부분이 있다고는 해도 백성을 먼저 보살핀 요임금의 성정을 살펴보기에는 충분하다.

요임금은 두 딸이 장성하자 누구에게 시집을 보낼까 고민이 되었다. 또한 아들인 단주(丹朱)가 있긴 하지만 덕이 부족한 까닭에 자신의 뒤를 이을 적임자도 골라야 했다. 요임금이 수소문해 알아보니 순(舜)이라는 청년이 마음에 들었다. 순은 일찍 어머니를 여읜 탓에 계모 밑에서 자랐는데, 계모는 포악하기가 이를 데 없는 여자였다. 계모는 친자식인 상(象)만 감싸고 순은 거들떠보지도 않았고, 아버지 고수(瞽叟) 역시 계모의 편에 서 있었다. 그런데도 순은 꿋꿋하게 가족으로서의 윤리를 저버리지 않았다. 요임금은 그토록 착한 인물이라면 무슨 일을 시켜도 꿋꿋하게 잘 헤쳐 나갈 수 있을 것으로 여겼다.

마침내 요임금은 어느 날 두 딸을 불렀다.

"내가 듣기로 순이라는 청년이 효성이 지극하고 의롭다고 하는구나. 너희들이 순에게 시집을 가려무나."

두 딸은 장차 임금이 될 사위를 고르려는 아버지의 뜻을 알아차리고는 순순히 요임금의 말에 따랐다. 그리하여 아황과 여영은 공주의 신분이었으나 평범한 청년인 순에게 시집을 가게 됐다. 당시 요임금은 순에게 삼베옷과 거문고를 주었고, 넓은 농토와 많은 가축들은 물론 커다란 곡물창고까지 지어주었다. 아름다운 두 공주를 아내로 맞은 것도 신나는 일인데, 엄청난 재산까지 갖추게 되었으니 순에게는 행운이 찾아온 것이다.

가족의 음모

두 공주는 결혼한 뒤 남편인 순을 도우며 부지런히 살았다. 특히 어려서부터 요임금의 검소함과 성실함을 바라보며 자란 까닭에 자신들이 공주라는 신분도 잊은 채 열심히 일을 했다. 그러나 어느 정도 시간이 흐른 뒤에 보니 계모와 이복동생은 물론 아버지까지도 순을 미워하고 시기하는 것이 아닌가. 특히 계모와 이복동생은 순이 누리는 행복을 빼앗고 싶어 병이 날 정도였다.

어느 날 이복동생은 단단히 결심하고 아버지와 계모에게 말했다.

"순을 죽이고 재산과 공주들을 빼앗겠어요."

보통 부모라면 말렸을 테지만 포악한 계모와 음흉한 아버지였으니 오히려 이복동생의 흉계를 돕기로 했다. 아버지는 순과 이복동생을 불러 말했다.

"오늘은 곳간을 고치도록 해라. 순이 지붕 위에 올라가고 상은 아래에서 형을 도와라."

아버지의 말씀대로 순은 사다리를 놓고 지붕 위로 올라가 고치기 시작했다. 순이 일에 몰두하자 아버지와 이복동생은 사다리를 치우고 곳간에 불을 질렀다. 잠시 뒤 순이 뒤돌아보니 발밑에까지 불길이 올라오는 것이 아닌가. 가만히 있으면 꼼짝없이 불에 타 죽을 판이었다. 순간 뛰어내려야겠다는 생각뿐이었다.

'불에 타 죽으나 떨어져 죽으나 마찬가지다.'

순은 그렇게 생각하고는 어금니를 꽉 깨물고 지붕 위에서 뛰어내렸다. 그런데, 불행 중 다행인지 순은 다친 데조차 없었다.
두 공주는 남편이 죽을 뻔한 일을 당하자 그것이 가족들의 흉계라는 것을 알아차렸다.

"큰 일 날 뻔 했어요."
언니 아황의 말에
"다음에는 무슨 일을 하든지 저희와 상의하세요."

동생 여영은 걱정스런 얼굴로 말했다. 순은 그나마 두 아내가 있어 의지가 되었다.

첫 계획이 실패로 돌아가자 아버지는 좀 더 확실한 방법을 생각해내고는 다시 일을 시켰다.

"우물을 깊게 파야겠다. 순이 들어가 파도록 해라."

그 사실을 아황과 여영에게 말하니 두 공주는 어이가 없었다. 이번에도 남편을 죽이려고 하는 것이 아닌가. 그러나 어쩌겠는가. 부모의 말씀에 따라야 하는 것이 자식의 도리이니 말이다.

"할 수 없네요. 부디 몸조심 하세요."

이번에는 어떤 일이 생길 지 두 공주는 초조하기만 했다. 결국 순은 우물로 들어갔고, 아버지와 계모 그리고 이복동생은 우물의 입구를 막아 버렸다. 순은 이번에야말로 꼼짝없이 죽게 되었다. 그러나 하늘이 순을 도운 것일까. 순은 흙을 파내고 밖으로 나올 수가 있었다. 살아 돌아온 남편을 보고 두 공주는 너무 기뻤다.

두 번째 계획도 실패로 돌아가자 계모와 이복동생은 눈이 뒤집힐 정도로 화가 났다. 그래서 이번에는 술을 잔뜩 먹여서 몸을 가누지 못하게 만든 뒤 죽이자고 음모를 꾸몄다. 두 공주는 술을 많이 마셔도 취하지 않는 약용왕(藥浴王)을 구해 와 순에게 마시게 하였다.

마침내 아버지는 순에게 술을 계속 마시게 하였다. 그러나 아무리 많이 마셔도 순이 취하지 않는 것이 아닌가. 그 모습을 본 아버지와 이복동생은 속이 부글부글 끓었고, 결국 그 계획도 수포로 돌아갔다. 순은 거듭되는 음모에 서글픔이 솟구쳤다. 순은 마냥 들녘으로 내달렸다. 그리고 아무도 없는 들판에서 하늘을 바라보며 소리를 질렀다.

"왜 제게 이런 고통을 주십니까?"

자신을 죽이려고 하는 가족들의 음모에 진저리가 났던 것이다. 어느새 순의 얼굴에는 굵은 눈물이 흘러내렸다. 그의 가슴에 분노가 솟구쳤다. 그러나 한편으로는 부모와 동생에게 복수를 해서는 안 된다는 생각이 일어났다. 어쨌든 가족이니 말이다.

마침내 왕위에 오른 순

결국 그렇게 참아낸 결과가 온 것일까. 고을을 다스리는 장관이 순의 착한 행실을 알고는 요임금에게 순을 어진 인재라고 추천한 것이다. 안 그래도 두 딸을 시집보내 살펴보던 요임금은 그 장관의 추천을 받아들여 관리로 발탁했는데, 전한 말의 학자 유향(劉向)이 찬집한 것으로 알려진 「설원」의 '군도' 편에 사도(司徒)로 임명되었다고 나온다. 사도란 호구와 전토, 재화, 교육을 맡아보았던 벼슬이었다.

한편, 「회남자」에 따르면 요임금은 두 공주를 순에게 시집을 보내 3년간 시험을 했다.

'두 명의 왕녀를 시집보내어 집안 다스리는 방법을 관찰하고, 백관을 보내어 통치 방법을 관찰했다.'

그래서 순에게 닥쳤던 불행과 고난조차도 어쩌면 요임금과 두 공주가 미리 계획한 일이라는 설도 있다. 사실 유무를 떠나 이런 설이 중요한 것은 어쨌든 요임금이 두 공주를 순에게 시집을 보내 순의 사람 됨됨이를 파악했다는 것이다. 그리고 그런 과정을 통해 순이 장차 자신의 뒤를 이을 재목이라는 것을 알아낸 것이다. 그런 이야기를 통해 고대 사회의 결혼관을 살펴볼 수 있다.

그러나 과연 공주들은 어떤 마음이었을까. 그들은 자신의 뜻과는 상관없이 결혼을 해야 했으며, 그것도 동시에 한 남자를 남편으로 맞아야 했다. 물론 요임금으로서는 나라를 다스릴 인재를 살펴보기 위한 것이므로 그것보다 중요한 것이 없었을 테지만 공주들은 개인의 자유와 행복을 자신이 선택하지 못한 결과이다. 그러나 두 공주는 임금으로서의 아버지의 마음을 헤아려 자신들의 자유나 행복보다는 아버지의 뜻을 따랐으니 그 나름대로 의미 있는 삶이었으리라. 또 중요한 것은 공주들이 순을 도운 것이다. 공주들은 순이 아버지의 뒤를 이을 수 있도록 내조를 충실히 하였다. 요임금은 순을 계속 시험해 보았는데, 그때마다 공주들이 함께 슬기를 모아 무난히 통과한 것이다.

마침내 요임금이 순에게 왕위를 넘겨주자 순은 언니인 아황을 후(后)로, 여영을 비(妃)로 삼았다. 이후 8년 뒤에 요가 죽으니 순이 정식으로 임금이 되었다.

그러나 바로 임금의 자리에는 오르지 않았다. 순은 먼저 요의 아들인 단주에게 왕위를 양보하고는 변방에 은거하려고 했다. 하지만 백관과 백성들이 순을 찾아와 왕이 되기를 간청하니 천명을 거스를 수 없음을 깨닫고 왕위를 받았다고 한다.

왕위를 물려받지 못한 단주는 한을 맺고 울분을 터트렸는데, 요임금은 살아 있을 때 아들인 단주에게 바둑이나 두면서 마음을 다스리라고 바둑판을 주었다고 전해진다. 이것이 바둑의 역사에 처음 등장하는 부분이다. 한편, 단주는 처음으로 한을 품은 사람으로 기록되며, 복수의 원한이 사무쳐 순임금을 죽이는 음모로 발전한다.

이러한 정권이양은 오늘날의 정치계에서도 본받을 만한 일이다. 이를 사마천은 다음과 같이 칭송했다.

'요는 권력을 아들 단주가 아니라 순에게 넘겨주었다. 순에게 제위를 넘겨주면 단주는 손해를 보지만 천하 사람들이 이익을 얻고, 단주에게 제위를 넘겨주면 단주는 이익을 얻지만 천하 사람들이 손해를 본다는 것을 알았던 것이다.'

「회남자」에는 순임금이 얼마나 열심히 일했는지 '순은 가옥을 짓고 담을 쌓았으며 지붕을 잇고 황무지를 개간하여 곡물을 심었다. 백성들은 바위의 구멍에서 나올 수 있었고, 각기 자기 집을 가질 수가 있었다.'고 기록하고 있다. 그런 결과 후세인들은 요와 순이 다스리던 시절을 요순시절이라며 최고의 태평성대로 일컫게 된 것이다.

순임금의 치적은 「사기」에 '오차가 많은 역법을 정밀히 계산하여 한 달의 날짜를 바로잡았고, 하루의 시각을 바르게 정하였다. 또한 음률과 도량형을 통일했으며, 오례를 제정하였다.'고 기록되어 있다. 특히 순임금은 우(禹)를 등용하여 요임금이 이루지 못한 치수에 성공해 홍수를 다스리니 농토가 증대되고 곡식을 더 많이 생산할 수 있게 했다. 이러한 치적으로 세상 사람들이 순의 정치와 인재등용을 칭송했다.

순임금은 요임금이 자신에게 왕위를 물려준 것처럼 자신도 아들인 상균(商均)이 아니라 우를 하늘에 천거하여 후계자를 삼았다. 또 하나 중요한 것은 자신을 죽이려고 한 이복동생과 아버지를 저버리지 않았다. 이복동생 상을 제후가 되게 하였고, 아버지 섬기기를 전과 같이 하였던 것이다.

물론 두 공주는 순임금의 삶에 큰 힘이 되었다. 그래서 유향이 지은 것으로 전해지는 「열녀전」에는 다음과 같이 두 공주를 찬양한 시가 전해진다.

처음에 두 비는 요임금의 딸이었네.
빈으로 유우와 나란히 섰지만 아래에서 순을 보좌했다네.
높은 신분으로 낮은 신분의 순을 섬겼으니 그 노고 심하였겠네.
까다로운 고수와 화목하니 마침내 복을 즐길 수 있었구려.

지아비를 따라간 정절의 여인들

여러 가지 훌륭한 일을 해낸 순임금은 일찍이 요임금이 추진했던 것처럼 삼묘(三苗 : 중국 남방에 있었던 오랑캐)의 세력을 정벌하러 군대를 이끌고 출정하였는데, 가는 도중에 창오(蒼梧)라는 들에 이르러 그만 죽고 말았다. 이 죽음에 대해 옛 역사책에는 요임금의 아들인 단주의 원한이 독빛이 되었다고 기록하고 있다. 궁궐에서 삶을 마감하지 않고 한 지방의 고을에서 죽어간 순임금의 마지막 모습은 말 그대로 백성의 편에 살다간 참된 임금의 모습이었다.

남편의 죽음을 접한 아황과 여영은 남편이 가던 상수(湘水) 길을 뒤쫓아 가면서 통곡을 그치지 않아 눈에서 피가 흘렀다. 피눈물이 대나무 위로 흘러서, 대나무에 얼룩얼룩한 반점이 물들었다. 결국 아황과 여영은 비탄을 이기지 못하여 함께 상수에 몸을 던졌다. 두 공주가 상수에서 죽었다고 하여 세상에서는 그들을 상군(湘君)이라고 하였으며, 피눈물이 흘러 반점이 생긴 대나무를 상비죽(湘妃竹)이라고 불렀다.

아황과 여영 공주 이야기는 전설상의 인물답게 다소 억지스러운 면도 있다. 아버지가 왕인 까닭에 아버지의 뒤를 잇는 인재를 찾는 프로젝트에 참가해 자신들의 사생활을 접었으며, 특히 순에게 자매가 함께 시집을 갔다. 지금 사회와는 달랐으므로 이해가 가지만 남편을 죽이려는 시댁의 음모에 과감하게 대처하지 않았으며, 순임금이 승하하자 자신들의 목숨도 초개처럼 끊었다. 여기에서 우리는 아황과 여영을 공주의 신분으로서 순종적이면서도 폭넓은 시야를 지닌 여인으로 이해할 수 있다.

아황과 여영은 그 뒤 많은 사람들에게 회자되어 왔는데, 민간에서 신격화되었으니 우리나라에서도 풍요와 생산을 의미하는 지신으로 모시는 곳이 있다. 특히 오산 지방에는 무속에서 아황을 모신 예가 있기도 한데, 무가(巫歌)에 '아황임금 만세'라는 구절이 전해진다.

참고로, 아황과 여영은 어떻게 생겼을까? 1965년 중국의 산서성 대동에서 북위시대의 사마금룡(司馬金龍)과 그의 처 희진(姬辰)의 무덤이 발굴되었는데, 놀랍게도 아황과 여영이 그려진 목판 칠화 병풍이 출토되었다. 기록에 의하자면 무덤은 484년에 조성된 것이니 그 그림 속의 모습이 아황과 여영의 실제 모습이라고는 할 수 없지만, 고대 여인상을 느끼기에는 충분하다.

이 그림에 아황과 여영은 곧은 깃을 갖춘 웃옷을 입고 있다. 소매 폭이 마치 옛날 조선 유생들이 입던 도포의 끝처럼 넓은 것이 독특하다. 그리고 허리부분이 잘록 들어가 있어 띠와 같은 것으로 묶은 듯하며, 치마는 발끝을 가릴 정도로 길다. 따라서 실용성이 부족해 보이기도 한다. 이는 아마도 궁중 여인을 표현했기 때문이 아닐까 한다.

아황과 여영의 메시지

두 자매는 우리에게 보다 큰 목적을 위한 삶을 가르쳐 준다.

첫째, 대승적인 삶이 더 중요함을 알게 한다. 아황과 여영은 여느 여인들이 느끼는 개인적 행복과 이기적 이성애를 느끼기도 전에, 아버지인 요임금의 국가 인재 찾기 프로젝트에 순응하였다. 결과적으로 부왕의 뜻에 꼼짝 못하고 한 사내에게 두 사람이 함께 시집가는 상황을 맞이했다.

그런데 그러한 혼인이 부왕인 요임금의 일방적 조처에 따른 수동적 태도라고만 평가절하 할 수 없다. 두 공주는 나름대로 세상을 폭넓게 바라보고, 임금의 합리적인 국정 전개에 협조하는 참모적 역할의식과 참모의식을 발휘하여 순에게 시집가는 것을 거부하지 않았다고 여겨진다. 두 공주의 대승적 세계관과 무관치 않음을 놓쳐서는 안 된다.

둘째, 여성으로서 삶의 모범을 보여준다. 두 공주의 대승적 태도는 언니가 황후가 되고, 동생이 왕비가 되는 것에 별다른 이견이나 다툼이 없었음을 통해 짐작되기도 한다. 당연한 서열 관계였겠으나 두 공주는 지극히 당연하고 상식적인 질서를 소중하게 느끼던 모범적 여성들이었음이 분명하다.

특히 지아비인 순을 죽이려는 시댁 식구들의 음모에 지순한 마음으로 지아비를 돕고자 하던 두 공주는 어찌 보면 바보스럽기까지 했다. 그러나 두 공주는 끝내 지아비인 순을 구원하는데 그 역할을 다한 삶의 동지였다.

환인가의 웅녀

단군왕검을 낳은 한민족의 어머니

웅녀를 공주로 볼 것인가, 에는 이견이 있을 수 있다.

신화 속의 인물이고, 쑥과 마늘을 먹고 나서 사람으로 바뀌기 전까지는

곰이라고 기록되어 있으니 말이다.

그러나 그 신화 속에 담긴 의미를 해석해 보면 웅녀는 고대 사회에서

뛰어난 여성 지도자를 상징한다고 볼 수 있다. 우리 민족을 잉태한

국모 웅녀의 삶을 유추해 우리 민족의 시원을 상상해 본다.

웅녀는 아황과 여영 공주와 비슷한 시대의 신화적인 인물로, 널리 알려졌다시피 우리나라 건국신화인 '단군왕검신화' 속에 등장한다. 단군신화는 일연이 지은 「삼국유사」와 이승휴가 지은 「제왕운기」 등에 실려 있는데, 곰과 호랑이가 등장해 서로 사람이 되려고 노력하는 부분은 마치 동화 같다. 물론 이 신화를 곧이곧대로 믿기는 어려운 일이다. 여기에는 숨겨진 이야기가 많이 들어 있으며, 그 숨겨진 이야기를 어떻게 해석하는가가 중요한 것이다.

웅녀의 고민은?

웅녀를 곰이 아닌 사람, 곧 한 여인으로 상상해보자. 상상 속의 여인은 먹고 살기 위해 수렵을 하거나 열매를 따야 했다. 아마도 당시에는 초보적이지만 농사도 하고 있었을 것이다. 그래서 주거 생활도 동굴에만 의존하지 않고 집을 지어 살았을 것이며, 집 안에 바닥을 움푹 파내고 불을 피웠을 것이다. 바로 움집인데, 그런 형태의 주거지가 신석기 시대는 물론 청동기 시대의 유적지에서 흔히 발굴되곤 한다.

그런데, 놀랍게도 옛 여성들도 전투에 참가한 흔적이 몇몇 곳에서 발견된다. 중국의 동북 지방 태자하 상류 지역에 남아 있는 옛 선사시대 동굴들에서는 심심치 않게 여성의 뼈가 발굴되었으며, 그 가운데는 50대 여성으로 추정되는 여자의 다리뼈에 화살촉이 박힌 것도 발견되었다. 그 같은 발굴 조사로 선사시대의 여성들 중에는 전쟁이 일어났을 때 피하지 않고 직접 참가한 이도 있었음을 추측할 수 있다. 곧 고대에는 여자 중에도 지도자가 있었을 것이며, 웅녀 역시 그런 여성 중 하나가 아니었을까, 하는 추론도 가능해진다.

정통 역사서로 분류되지는 않으나 단군신화의 내용을 다룬 책인

「삼성기」에는 웅녀가 그런 여성 지도자로서 '곰의 여왕(熊女君)'으로 표현되어 있다. 책에 따르자면 곰의 여왕은 미혼 여성으로서 무리를 이끌고 다니는 용감한 인물이다.

처녀 지도자인 곰의 여왕은 때로 굴속에서 지냈는데, 그 굴이 문제였다. 굴에는 심심찮게 다른 세력들도 함께 지내는 경우도 있기 때문이다. 어느 날부터인가 범을 숭배하는 무리와 함께 굴에서 지내게 되었다. 그 무리들은 성격이 거칠어 곰의 여왕은 어떻게 하면 자신을 따르는 무리들을 안전한 곳에서 지내게 할 수 있을까를 고민했다.

신세계를 지향한 여성 지도자

곰의 여왕이 그런 걱정을 하던 때, 태백산 신단수 아래 지역을 중심으로 새로운 문화가 태동하고 있었다. 물론 태백산 신단수 지역은 삼국유사에 환인의 아들 환웅이 신시(神市)를 열고 인간 세상을 다스리기 시작한 곳으로 나온다.

이 신시에 대해서는 어떤 학자는 신이한 굿터로 풀이하기도 한다. 곧 사람들의 고통을 풀기 위해 푸닥거리를 펼치던 제의 장소라는 것이다. 그런데, 한자대로 풀이한다면 신시란 신령스러운 장터다. 신령한 분위기와 함께 거래가 이루어진 실용적 의미가 어우러지던 곳이라는 것이다. 이런 해석은 신시가 그저 관념적이고 철학적인 의미에만 머물지 않는다는 것이다. 세상의 사람들에게 실용적 이익을 느끼게 한다는 것, 그것은 바로 크게 사람 사이를 이롭게 한다는 뜻이 아니겠는가. 말 그대로 '홍익인간(弘益人間)' 말이다.

아무튼 이러한 내용 뒤에 숨겨진 것은 본격적인 농경문화가 시작된 것으로 생각할 수 있다. 농업이 발달하면서 인구가 증가했고, 그 무리 중에 환웅이라는 지도자가 등장한 것을 추론할 수 있다. 환웅은 본래 자신의 부친으로부터 풍백과 운사 그리고 우사 등 농업을 제대로 해나갈 수 있는 지식인들과 숱한 일꾼들을 데리고 태백산 신단수 아래에 정착한 것이다.

이 소식을 들은 곰의 여왕도 환웅을 찾아갔다. 그리고는 말했다.

"원하건대 범을 숭배하는 세력과 한 굴에서 사는 저희들을 위해 굴 하나를 내려 주세요."

그녀는 범을 숭배하는 무리들과 부딪치는 상황을 벗어나고 싶었던 것이다. 그리고는 또 말했다.

"신이한 계율의 동맹으로 삼아서 하나같이 머물게 해 주십시오."

이쯤 되면 곰의 여왕이 환웅과 연합을 이루게 되었다는 것을 알 수가 있다.

이 이야기를 통해 우리는 웅녀의 기질을 알게 된다. 웅녀는 큰 틀의 신세계를 지향한 여성 지도자였던 것이다. 조금 더 깊이 분석해 보자면, 첫째 웅녀는 매우 침착하면서도 세심한 면이 있다. 무리의 지도자로서 보다 큰 덕을 갖춘 환웅을 찾아간 것에서 그녀의 깊은 사려를 충분히 읽어낼 수가 있다. 둘째, 웅녀는 환인 가문의 공주로 무리를 이끌 정도로 뛰어난 지도자였음을 알 수가 있다. 셋째, 웅녀는 협상을 이끌어낼 수 있는 지도자였음을 알 수가 있다.

이상과 같이 「삼성기」를 토대로 본 웅녀는 대단한 지도자상이다. 물론 「삼성기」가 정통 역사서로 여겨지는 않으나 충분히 상상해 볼 수 있는 이야기이다.

환웅의 시험에 참가하다

곰의 여왕의 방문을 받은 환웅은 그들의 애로를 듣고 모두를 편안하게 받아들였다. 홍익인간의 뜻을 펴려는 환웅에게 곰의 여왕도 필요한 인재였음을 알 수 있다.

웅녀는 곧 수련 과정에 들어가게 된다. 그런데, 뜻밖에도 자신이 껄끄러워하는 범을 숭상하는 지도자도 함께 수련을 하게 되었다. 환웅은 웅녀와 범 무리의 지도자에게 쑥과 마늘을 주고서 다른 것은 먹지 않은 채 햇빛을 바라보지 않고 백일을 버티는 과정을 제시했다. 실로 그것은 고난도 수련 과정이며 트레이닝 코스다.

쑥과 마늘의 성질만 봐도 충분히 그것을 짐작할 수가 있다. 쑥은 그 잎의 맛이 맵고 쓰다. 또한 마늘도 맵고 아려 익히지 않고 먹을 경우 고통을 일으키는 식물이다. 쑥의 잎은 약으로도 쓰이는데, 추위를 없애고 통증을 멈추게 하며 지혈 작용을 한다. 마늘은 속에 알리신이라는 요소가 있어 결핵이나 이질, 그리고 임질에 따른 세균을 죽이는 강력한 살균 효과가 있어 가히 페니실린에 비길만하다는 것이 식품영양학적 견해다. 하지만 마늘은 날로 먹으면 노여움이 발동하고, 삶아서 먹으면 음(淫)이 생긴다고 한다. 그럼에도 마늘에는 노화방지의 효능까지 함께 있다고 하니, 그야말로 사람의 생로병사와 연관된 성질을 지닌 것으로 볼 수 있다.

그런데 환웅은 웅녀와 곰을 숭상하는 무리의 지도자에게 어쩌자고 먹기 곤란한 식물을 먹게 한 것일까. 그에 대한 답을 구하기에 앞서 「제왕운기」에 실린 이야기를 소개하자면, 환인의 손녀에게 약을 마시게 하여, 여성으로서의 몸을 원숙하게 한 뒤 단수신(檀樹神)과 혼인하게 했다는 내용이 보인다. 여기에서 환인의 손녀는 웅녀로 공주의 신분이고, 단수신이란 바로 환웅을 가리킨다고 해석할 수 있을 것이다.

곧, 마늘과 쑥은 약의 의미를 지닌다 하겠다. 약은 환웅이 해결해야 할 막중한 과제임이 분명하다. 질병과 죽음 문제만큼 예나 지금이나 심각한 것은 없기 때문이다. 환웅은 그것을 해결하기 위해 차분하고 꿋꿋한 여성을 골라서 우선 마음을 올바르게 하고, 더욱 건강한 몸을 갖춘 상태에서 모든 이들에게 도움이 될 약을 만드는 기술을 체득하게 하려던 계획이 있었던 것으로 추정된다. 그 대상이 바로 웅녀와 곰 숭상 무리의 지도자였던 것이다.

결혼과 출산, 우리 민족의 시작

모두 주지하다시피 범 무리의 지도자는 그 수련 과정을 참지 못하고 동굴을 나가 버리고 웅녀만이 견디어 내 마침내 사람으로 성숙한 모습이 된다. 그리고 환웅과 혼례를 치르고 아들을 낳으니 바로 그가 우리 민족을 세운 단군왕검이다.

그런데, 웅녀가 인간이 된 뒤 금세 환웅과 결혼한 것이 아닌 모양이다. 그녀가 너무 훌륭한 인간이 되어서였을까. 그 누구도 그녀에게 감히 청혼을 하지 못했던 것이다. 혼인할 배우자를 찾기가 어려워지자 웅녀는 신단수 아래에서 간절하게 빌었다.

"제발 아이를 갖게 해 주십시오."

그 소리를 들은 환웅은 잠시 시간을 내어 웅녀를 아내로 맞이하니 이후 낳은 사람이 바로 단군왕검이다. 일연은 이때를 요임금이 즉위한 지 50년인 경인년이라고 『삼국유사』에서 밝히고 있다. 우리가 흔히 단기(檀紀)라고 하는 것은 거기에 기원을 두는데, BC 2333년

전의 일이다. 이후 웅녀는 단군왕검을 훌륭하게 키웠으며, 결국 왕검은 조선을 개국하고 우리 민족의 첫 임금이 되었다.

웅녀의 삶을 돌아보면 초기에는 거친 들녘에서 여성 지도자로 리더십을 쌓았고, 이어 환웅을 만나 예로부터 전해지는 지극한 도의 정수를 깨우침과 더불어 신약 제조에 관한 비법을 체득하였으며, 마침내 당대 최고의 남성 영웅인 환웅의 배우자가 되어 개국의 주도자인 단군왕검을 출산한 것으로 요약된다. 웅녀의 삶은 곧 당대 최고의 성공한 여성 지도자의 모습이라 할 것이다.

그런데, 단군신화에는 도대체 왜 곰과 호랑이가 등장하는 것일까. 그리고 곰이 호랑이를 이겨내는 구성으로 이루어진 것인가. 곰과 호랑이는 백수의 왕이라고 할 만큼 대단한 맹수들이다. 곰과 호랑이 중 곰이 이긴다는 설정은 선사시대에 곰을 숭배하는 사상이 더 보편적이었다는 것을 말해준다. 짐작컨대 곰과 호랑이는 신앙 습속을 주관하던 당대 최고의 주술가나 사제, 즉 샤먼이었을 개연성도 느껴진다. 특히 「제왕운기」를 보면 약을 만드는 비법을 깨우치던 여성들로도 추정이 가능하다.

신이 된 여인

조선 후기에 쓰인 「청학집」을 보면, 환웅의 아들인 단군왕검에게는 네 명의 아들이 있었다고 한다. 그들은 제각각 특징이 있었으니 부루는 단군왕검의 명령을 받고 하후(夏后)라는 중국 임금이 도산에서 회의를 열 때 찾아갔고, 그때 중국인들에게 홍수를 다스리는 비법을 전해 주었다. 또한 부여는 군사를 다루는 데 대단한 능력을 드러냈고, 부우는 의술과 약술로 백성들을 돌보았다. 그리고 부소는 불을 일으켜 짐승들을 몰아내 사냥을 하는 등 수렵 기술이 뛰어났다. 네 왕자 모두 제각기 뛰어난 능력으로 세상에 필요한 일들을 펼쳤던 것이다. 이들 중 웅녀로부터 가장 큰 영향을 받은 이는 부우다.

한편, 우리나라 성씨 중 배(裵) 씨 가문에는 흥미로운 이야기가 하나 전해지는데, 단군왕검이 바닷가에서 두 명의 신령스런 여인들을 만나 그녀들로부터 '신이한 아기'를 얻었다는 내용이 그것이다. 단군은 그 아이를 잘 양육케 하여 남쪽 바닷가를 맡아 다스리는 '남해장(南海長)'에 오르게 했다고 한다.

또 평양의 구빈마을에 전해지는 전설도 흥미진진하다. 이 전설에 따르면, 단군왕검이 자신과 세력을 다투던 마고(麻姑) 집단을 물리쳤는데, 단군왕검은 마고를 죽이지 않고 그녀와 그 무리에게 새로운 거처를 마련해 주며 새로운 세상을 건설하는 데에 함께 할 것을 제안했다는 것이다.

마고는 흔히 마고할미로 불리는데, 주로 무속신앙에서 받들어지는 신이다. 신라의 박제상이 저술하였다고 알려져 있는 「부도지」에는 마고성과 함께 탄생한 '한민족의 세상을 창조한 신'으로 설명되고 있다. 이 신은 평양은 물론 제주도 등 전국 각지에 다양한 전설로 등장한다.

이와 같은 설화와 전설을 통해 웅녀의 덕성이 아들인 단군왕검과 가족들에게 이어진 결과로 풀이할 만하다.

한편, 조선 숙종 원년인 1674년경에 저술된 「규원사화」에도 주목할 만한 내용이 보인다. 고려 인종 9년(1131)에 묘청의 건의에 따라 서경, 곧 지금의 평양에 팔성당(八聖堂)이란 신앙 건축물이 세워졌고, 그 가운데 구려평양선인(駒麗平壤仙人)과 두악천녀(頭嶽天女)가 모셔졌다는 내용이 그것이다. 구려평양선인은 단군을, 두악천녀는 바로 웅녀를 말한다. 비록 「규원사화」가 위서로 알려져 있지만,

두악천녀의 존재를 두고서, '땅위의 선악을 관장하니 곧 예전 신시씨의 황후이며 환검신인의 어머니다'는 내용이 보인다. 여기에서 신시씨는 환웅이고, 환검신인은 단군왕검을 뜻한다.

물론 그 이전인 목종 9년(1006) 이전에 이미 구월산에 환인·환웅·단군을 제사지내는 삼성사(三聖祠)가 건립되었다는 내용도 있으며, 「삼국사기」 고구려 동천왕 본기의 '평양성을 쌓고 백성과 종묘사직을 옮겼는데, 평양은 원래 선인왕검의 택(宅)이다'라는 내용이 있다.

이 내용에 의하자면 단군은 우리 민족에게 회자되어 오는 동안 신격화되었으며, 아울러 웅녀 역시 신으로 추앙을 받아왔음을 알 수가 있다. 특히 「삼국유사」가 기록되기 전에 이미 신격화되었음은 팔성당에 선악을 가리는 여신으로서 모셔졌다는 것을 봐도 충분히 유추해낼 수가 있다. 웅녀! 그녀는 우리나라 역사상 가장 신비한 신화적 여성으로 남아 있고, 성공한 여성의 한 전형으로 살아 숨 쉴 것이다.

웅녀의 메시지

첫째, 준비부터 최선을 다해야 한다는 것이다. 웅녀는 들녘을 떠돌면서 자신의 무리들에게 리더십을 잃지 않고 최선을 다해 역경을 이겨내고자 하였다. 그런 점은 그녀를 믿고 있던 무리들로부터 변함없는 지지와 성원을 불렀을 것이다.

둘째, 당당하고 적극적으로 행동하라는 것이다. 웅녀는 환웅을 만나 주눅들지 않고, 자기 족속들이 겪는 고난의 해결을 위해 요구사항을 밝히며 거꾸로 동맹을 제안하는 대담함을 드러냈다.

셋째, 주어진 시련을 담담하게 즐기라는 것이다. 웅녀는 환웅이 제시한 고도의 고통 감내 과정을 체험으로 이겨냈고, 마침 신약의 비법을 체득하고 그 약을 마심으로 원숙한 여성의 체질로 바뀌는 희열을 맛보았다.

넷째, 소망을 잃지 말라는 것이다. 웅녀는 당대 최고의 멋진 사내인 환웅이 알아채도록 아이 갖기를 기원하며, 행복한 가정의 주인이 되고자 꿈을 키웠다.

다섯째, 모범 가정을 이루고 미래의 주인공을 양육하라는 것이다. 웅녀는 환웅의 아내가 되어 총명한 아들인 단군왕검을 낳아 그에 따른 양육을 통해, 장차 나라의 성군이 되도록 하여 교육적으로 성공한 모범 가정의 참된 안주인이었다.

첫 여성 파라오 하첸수트

"내 턱에 수염을 붙여라"

귀족의 딸에서 공주로, 다시 왕비로 오르며 모든 것을 다 가졌던 여인,
하첸수트(Hatshepsut). 그녀는 그러나 더 큰 꿈이 있었으니
태양의 아들 파라오가 되는 거였다. 남자만이 파라오가 될 수 있다는
당시에 가짜 수염을 붙이고 남자 옷을 입고 당당하게
금남의 권위에 도전하였다. 그리고 그녀는 상하 이집트를 통일시키고
18왕조 최고의 황금기를 이끌어냈다.

지금으로부터 3500여 년, 이집트에는 긴장감이 감돌았다. 당시 이집트는 이민족인 힉소스(Hyksos)의 지배를 받는 중이었다. 당대 최고의 문명국가인 이집트로서는 치욕이 아닐 수 없었다. 기원전 1720년부터 기원전 1570년에 이르는 그 때를 흔히 힉소스의 시대로 부르는데(이에 대해서는 B.C. 1648~1540 사이로 보는 견해도 있다), 힉소스란 '다른 나라 통치자들'이라는 뜻이다. 아무튼 100년이 넘도록 숨을 죽이고 지내던 이집트인들이 지배를 벗어나고자 군대를 일으키고 힉소스와의 전쟁을 벼르고 있었다.

하쳅수트, 귀족의 딸에서 공주로

힉소스가 자신들보다 문명이 앞선 이집트를 침공할 수 있었던 것은 신무기를 개발해냈으며, 전차를 다룰 줄 알았고, 자신들의 본거지는 적이 쳐들어와도 안전할 정도로 단단한 방어막을 치고 있었기 때문이다. 특히 힉소스의 도시들은 해자로 둘러싸여 있어 난공불락이었다.

이러한 배경으로 이집트 문명을 이룬 이집트인들은 새로운 기술 문명을 갖추고 등장한 힉소스 종족의 침입에 무너졌고, 이내 속박되는 신세를 맞이했다. 그리고 힉소스 통치자들은 기원전 1720년부터 기원전 1570년에 이르는 기간 동안 이집트를 마치 자기들의 본래 터전인양 쥐락펴락하며 다스렸다. 그리고 그들의 삼엄한 통치는 흐트러짐 없이 언제나 병영처럼 이루어진 거대한 도시에서 비롯되었다.

아모세1세가 이끄는 이집트 군대는 조국을 되찾겠다는 강한 신념으로 힉소스와 맞섰다. 화살을 쏘고 공성추로 성벽을 부수며 힉소스를 압박하니 힉소스는 퇴각하기 시작하였다. 마침내 기원전 1570년 이집트는 다시 옛 영토를 회복하고 새 왕조를 세우니 아모스1세로 시작하는 제18왕조가 그것이다.

아모세1세에 이어 아멘호텝1세가 왕위에 올랐으며, 아멘호텝1
세는 투트모세1세에게 왕위를 물려주었다. 투트모세1세는 귀족 출
신으로서 왕이 된 자인데, 이 투트모세1세의 딸이 하첩수트다. 그 이
름은 '고귀한 여인들 가운데 으뜸이다'라는 뜻으로, 귀족의 딸에서
공주로 신분이 바뀌었으니 걸맞다고 할 수 있다.

이후 하첩수트는 소녀에서 처녀로 성장하면서 아름다운 미모로
뭇 남성의 눈에 띠는 여인이 되었다. 하지만 하첩수트는 투트모세1
세의 첩이었던 무트노프레트가 낳은 아들 투트모세2세와 결혼을 했
는데, 왕족의 혈통을 잇는 방법으로 근친혼이 행해지던 때이니 능히
있을 만한 일이다. 물론 투트모세2세는 부왕이 서거하자 왕위를 이
었으며, 하첩수트는 왕비가 되었다.

귀족의 딸에서 공주가 되고, 또 다시 왕비가 되었으니 여자로서
최고의 행운을 누리고 있었지만 한 가지 아쉬운 것은 아들을 낳지
못한 것이다. 대신 하첩수트는 태어난 딸 네페루레를 지극정성으로
양육하고자 애를 썼다. 당대 최고의 지성인인 세넨무트를 딸의 선생
님으로 모셨다. 그러나 아들을 낳지 못한 것이 결국 그녀로 하여금
새로운 도전에 나서게 하였다.

내 턱에 수염을 붙여라

기원전 1504년, 투트모세2세는 왕위에 오른 지 8년 만에 갑자기
죽고 말았다. 왕이 너무 일찍 죽는 바람에 후궁이 낳은 왕자에게 왕
위가 돌아가게 되었으니 투트모세3세가 바로 그다. 하첩수트는 고
민에 빠졌다. 투트모세3세가 겨우 10살에 불과하기 때문이다. 누군
가가 옆에서 가르쳐주지 않는다면 이집트를 제대로 이끌어갈 수가

없는 나이였다. 하쳅수트는 대신들과 왕족을 불러 모은 뒤 말했다.

"투트모세3세가 왕위에 오르는 것은 당연한 일이오. 그러나 이제 겨우 10세에 불과하니 이 나라를 제대로 이끌 수 없으리다. 내가 곁에서 어린 왕이 제대로 정치를 할 때까지 도와야겠소."

그리하여 하쳅수트는 섭정을 시작했다. 그런데, 2년 동안 섭정을 하다 보니 더 큰 욕망이 가슴 속에서 자라났다. 섭정이 아닌 정식 왕이 되는 것, 그리하여 신과 통하는 파라오에 오르는 것 말이다. 하쳅수트는 그 같은 꿈을 측근에게 밝혔다. 그러자 측근은 깜짝 놀라며 말했다.

"안 됩니다. 파라오는 남자만이 할 수 있습니다."

파라오는 남자만이 될 수 있다? 하쳅수트는 고민에 빠져들었다. 아직까지는 투트모세3세가 어리니 몇 년 더 섭정을 할 수는 있겠지만 이미 권력의 맛을 본 터, 그녀는 파라오가 되는 것만이 유일한 꿈이었다. 그래서 기가 막힌 생각을 하게 되었다. 그녀는 분장사들을 불렀다.

"내 턱에 수염을 붙여라."

마침내 하쳅수트는 남자처럼 수염을 붙이고 정식으로 파라오에 올랐다. 물론 그녀는 언제나 턱수염을 붙이고 다녔다. 수천 년 이어진 이집트 파라오 역사에 쇼킹한 일이 벌어진 것이다.

파라오 하쳅수트의 치적

파라오로서 하쳅수트는 특히 외국과의 무역에 큰 성과를 올렸다. 그녀는 푼트(Punt)에 대규모 상단을 보내곤 했는데, 향나무와 향료용 수지, 흑단, 황금, 모피 등과 비비 원숭이, 그레이하운드(개), 치타, 기린 등을 수입해 왔다. 푼트는 오늘날의 소말리아나 지부티 북부 지역으로, 당시 황금이 많이 산출되던 곳이다. 이러한 내용은 '사자(死者)의 사원'으로 불리는 다이르 알바흐리의 하쳅수트 신전에 부조상에 전해진다. 하쳅수트는 푼트 이외에도 시나이, 세라비트 알-카딤 등지에도 무역상을 보냈다.

또한 하쳅수트는 군대도 출병시켰다. 당시에는 군대가 이국땅을 점령하면 복속시키는 것이 보통이지만 그녀는 해당 지역의 자치권을 인정하는 대범함을 보였다. 또한 사원 건축에도 심혈을 기울였다. 특히 다이르 알바흐리 골짜기에 건설한 하쳅수트 사원은 당대의 뛰어난 건축술을 엿보게 하는 유적이다. 장대한 기둥이 줄지어 선 이 사원은 하쳅수트의 딸을 가르쳤던 세넨투스가 설계한 것으로 전해진다.

3500년 전에 지어진 것이라고는 믿지 못할 정도로 세련된 감각이 살아 있는 이 사원은 고대 이집트 건축의 걸작으로 평가된다. 총 3층으로 각 층마다 넓은 테라스가 있고 경사로로 연결되어 있다. 사원 내부에 하쳅수트의 무덤이 있을 것으로 생각되나 아직 발굴되지는 않았다.

그녀는 오벨리스크도 건설했다. 오벨리스크는 태양신앙을 상징하는 탑이다. 카르낙의 아몬 사원에 남아 있는 두 기의 오벨리스크는 높이만 해도 30미터가 넘는다. 하쳅수트가 만들어 세우게 한 두 개의 오벨리스크는 이집트에서 가장 높은 건축물에 해당한다.

그 밖에 하쳅수트는 이집트의 12왕조 이래로 거의 모든 파라오들이 추진했던 사원 건축사업을 펼쳤다. 카르낙과 룩소르의 사이에 새로운 성벽을 쌓게 하고는 그 가운데 지역에 신성한 종교건축 공간을 배치하도록 하였다. 이밖에도 벤 하산 근처에 사리한 암벽을 이용하여 사원을 이룩했고, 수단 북부인 누비아에 부헨 사원을 세우기도 하였다.

하쳅수트가 이렇게 사원과 오벨리스크를 많이 건설한 것은 왕실의 권위를 높이기 위해서이다. 또 의붓아들인 투트모세3세의 왕좌를 빼앗았다는 빈정거림을 잠재우고자 한 것도 이유가 된다. 특히 왕실에서 전통적으로 숭배하던 아몬신과 라신을 드높임으로써 자신의 정치적 정당성을 함께 드러내고자 했던 것으로 평가된다. 이러한 대규모 건축 사업은 이집트에서 힉소스의 자취를 걷어내는 데에 기여했다.

그녀는 상이집트와 하이집트를 통합하고, 신권과 왕권, 군사권까지 모두 장악한 강한 파라오였다. 22년간을 통치하면서 이집트를 안정적으로 이끌었고, 대내외적으로 강한 국가를 구축했다고 볼 수 있다. 당시 하쳅수트의 군대는 국경선의 방비에 전혀 소홀함이 없었고, 동요 또한 없었다. 그 같은 점을 통해 하쳅수트의 통치 기간에 정치적인 갈등이 없었던 것을 짐작할 수 있다.

결론적으로 하쳅수트는 왕좌에 올라 이집트 왕실의 종교적 신성함과 정통성을 드높이는 사업을 성공적으로 이룩했고, 20여 년간에 걸친 정치적 안정기를 이루었던 것으로 평가된다. 어쩌면 그녀가 추진한 대규모의 건축사업은 일종의 공공근로사업으로 숱한 사람들에게 일자리를 제공한 측면이 느껴지기도 한다. 그러한 대규모 노동력 집중사업은 일종의 복지 프로그램의 성격을 지닌다고 볼 수도 있는 것이다. 따라서 하쳅수트는 건축사업을 통해 복지를 꾀했고, 더불어 이집트를 침입하여 정통성을 무너뜨린 힉소스의 자취를 걷어낸 두 가지 의미를 함께 성취한 것으로 평가할 수 있다.

영원히 살고자 한 여왕의 꿈

하쳅수트는 투트모세3세의 왕위를 빼앗았다. 그리고 투트모세3세가 비록 변방에서 와신상담하며 보냈지만, 공식적으로는 투트모세3세도 왕의 신분이었다. 곧, 공동 왕의 형식이었던 것이다.

투트모세 3세는 나라의 변경을 지키는 명목으로 변방을 지키는 신세였다. 그러나 투트모세3세의 청춘이 그저 덧없이 흐른 것은 아니었다. 투트모세 3세는 계모이자 왕권찬탈자인 하쳅수트로부터 권력을 되찾으려고 이를 갈고 있었다. 하지만 소문나서 좋을 게 무엇이겠는가. 투트모세 3세는 아주 감쪽같이 경계와 감시의 눈길을 벗어나면서 용케도 자신을 따를 세력을 모은데 성공했다. 그리하여 마침내 공격력을 갖춘 투토모세 3세는 21세가 되던 해에 중앙의 권력을 되찾는 데 성공했다.

당시 투토모세 3세와 하쳅수트가 어째서 서로 갈등을 벌였는지는 분명한 자료가 발견되지 않는 한 쉽게 단정할 수는 없다. 다만 《구약성서》 '출애굽기'의 2장에 보이는 이른바 '바로의 딸'이 바로 하쳅수트였다고 여기는 일부 성서 연구자들의 견해가 참고가 된다. 바로는 파라오를 뜻하는데, 파라오의 딸이란 곧 파라오의 공주를 뜻한다. 만약 '출애굽기' 속의 내용대로 아기 때의 모세를 호숫가에서 건져 길렀다고 하는 여인이 바로 하쳅수트였다면 많은 의문을 느끼게 된다. 적어도 하첩수트가 신앙적으로 전통적인 이집트 신앙과는 무엇인가 차이를 드러낸 인물로 재조명할 여지가 느껴지기 때문이다. 따라서 하첩수트가 투트모세 3세와 빚은 갈등의 골은 신앙의 문제로부터 비롯된 것일 개연성도 존재하는 셈이다.

투토모세 3세가 파라오에 복권하며 가장 먼저 한 일은 하첩수트의 흔적을 지우는 일이었다. 그래서 여러 신전에 있던 하첩수트 상을 파괴하거나 지웠으니 오늘날 얼굴이 지워진 하첩수트 상이 여러 점 남아 있다. 관광지로 유명한 하첩수트의 장제전 역시 곳곳에 하첩수트의 이름을 지운 흔적이 있다. 또한 투트모세3세는 하첩수트의 업적을 기린 기록과 비문들까지도 모두 훼손하였으며, 심지어는 왕의 통치기록에서도 뺐다.

그런 노력에도 불구하고 하첩수트에 관한 일화는 고스란히 오늘날까지 전해진다. 여러 유물 중 하첩수트의 모습도 남아 있는데, 크고 길쭉한 왕관을 쓰고 있고, 왕관의 앞부분 가운데에는 이집트에서 신령한 동물로 여겨지는 코브라가 고개를 쳐들고 있는 모습이 눈길을 끈다. 이 두상을 보면 부드러우면서도 다정한 인간미가 느껴진다.

한편 '하첩수트의 황금완장'이라는 유물도 눈길을 끈다. 이 유물은 황금으로 된 얇은 판으로 하첩수트라는 이름이 분명하게 씌어 있다. 또한 거의 같은 시기의 유물로 수습된 2점의 구슬목걸이도 주목된다. 작은 청록색의 파이앙스 목걸이로 일곱 가닥으로 이어진 끈의 끝에는 도금된 꽃 모양의 이음쇠가 연결되어 있다. 그 표면에는 뿔이 난 사슴과 뱀장어, 그리고 용과 사자가 새겨져 있다. 이 유물들이 꼭 하첩수트가 사용했다는 증거는 없지만 하첩수트와 같은 절대적 권력자가 사용했음에 틀림없다.

또 하나 흥미로운 일은 하쳅수트가 「구약」에도 등장한다는 사실이다. 모세의 애굽(이집트) 탈출을 다룬 〈출애굽기〉에 나오는데, 모세는 낳자마자 강보에 싸여 강에 버려졌다. 당시 이집트는 히브리인의 증가를 막기 위해 남자 아기가 태어나면 모두 죽였으므로 부모가 버린 것이다. 이것을 건져내 기른 사람이 바로 하쳅수트 공주라고 한다.

모세는 왕궁에서 자랐고, 하쳅수트의 양아들로 이름은 투트모세로 불렸다. 당시 왕족의 이름을 따서 부른 것이다. 그가 나중에 여호와의 명령을 듣고 이스라엘 백성을 이끌고 출애굽에 성공하였으니 하쳅수트는 이스라엘 민족에게는 은인이라고 해도 과언이 아니다. 〈출애굽기〉에는 '바로의 딸'로 나오는데, 바로는 바로 파라오를 말한다.

하쳅수트는 이집트 최초의 여성 파라오로 남성 못지않게 당당하게 살았던 여걸로 평가된다. 3500년이 지난 오늘날에도 그녀의 영광이 찬란하게 빛나고 있다. 지금도 남아 있는 그녀의 관 위에는 다음과 같은 글귀가 있어 영원히 죽지 않고 살려던 하쳅수트의 꿈을 읽게 한다.

오, 나의 어머니 누트(하늘의 여신)여,
내 위로 몸을 활짝 펼치시어
당신 속에 있는 사라지지 않는 별들 속에 나를 받아들이소서.
내가 죽지 않도록….

하첩수트의 메시지

하첩수트는 우리에게 여러 가지 생각할 점을 던져준다.

첫째, 꿈의 모델로부터 배우라는 것이다. 하첩수트의 일생에서 아버지의 모습은 많은 점에서 롤 모델 케이스로 작용했다.

둘째, 뒤바뀐 상황이라도 절대 낙담하지 말라는 것이다. 하첩수트는 자신의 이복 오빠와 혼인하게 된 상황을 참아냈고, 그 마저도 일찍 죽었으나 의지를 잃지 않았다. 그리고 의붓 아들이 왕위에 올랐으나, 섭정을 실현하여 여성 파라오로서의 권위를 스스로 챙겼다.

셋째, 주변의 참모를 활용해 자신의 기획 플랜을 실천하라는 것이다. 하첩수트는 세넨무트를 기용하여 평생에 걸친 자신의 신성 건축 계획을 성공으로 이끌게 했다.

은나라 창용공주

"나는 은나라 공주다"

은나라 말 주왕은 달기라는 요부에게 빠져 정치를 등한히 하니

백성들의 고통이 이만저만이 아니었다. 결국 은나라는 망하고 주나라가

들어섰는데, 홀연히 은나라 공주가 나타나 가난한 백성들에게

도움을 주었다. 바로 창용이다. 슬픈 역사 속에 숨어 있는 은나라

마지막 공주 창용을 소개한다.

3천여 년 전 은(殷)나라가 망하고 나서의 일이다. 오악의 하나로 알려진 상산(常山)에서 도를 닦던 여인이 홀연히 나타나더니 사람들에게 말했다.

"내 이름은 창용(昌蓉)으로 은나라의 공주다."

그렇게 말하더니 불쌍한 사람들에게 돈을 나눠주는 거였다. 특히 전쟁으로 인해 고아와 과부가 많았다. 주왕의 폭정으로 많은 이들이 죽었고, 민심은 흉흉했다. 그런 때에 은나라 공주가 나타나 도와주니 사람들은 눈물을 흘리며 말했다.

"오! 공주님은 우리들의 구세주시다!"

은나라는 전설상의 요순시대를 거쳐 중국 최초의 국가로 알려진 하(夏)나라를 잇는 나라로 상(商)나라라고 부르는 것이 더 정확하다. 상나라가 기원전 1300년 경 수도를 은허(殷墟)로 옮긴 뒤 수도의 명칭을 따서 은으로도 불렀던 것이다. 그러니까 상을 은으로도 부르는 것은 은의 뒤를 이은 주(周)나라가 상나라를 낮춰 부르는 호칭이다.

은나라는 왜 망했을까?

은나라는 지금도 발견되는 갑골문을 통해 알 수 있듯이, 문자를 통한 기록문화가 존재했고 발달한 기술력을 갖춘 전설적 국가였다. 그에 따른 관련 기록으로 「서경」은 너무도 유명하다. 그런데 그토록 융성했던 은나라가 하루아침에 무너진 것을 두고 후세 사람들은 여러 가지 말을 많이 한다. 그 가운데 달기(妲己)라는 미인을 은나라가 망한 근본적 원인으로 이야기하길 좋아한다. 그런 관점은 합리적인 것일까.

은나라의 멸망을 달기라는 미인의 소행에 따른 것으로 치부한다면 당시 국정을 그르친 주왕의 경우는 어떻게 설명해야 옳을까. 많은 사람들은 달기 때문에 은나라 주왕(紂王)이 국고를 고갈시켰고, 백성들은 참혹한 형벌에 희생되었다고 한다. 그래서 달기는 얼굴만 예뻤지 실상은 마녀와 같은 악녀였을 뿐이라고 평가하는 데 전혀 거리낌이 없는 의견들이다. 더불어 누구나 그런 평가에 별다른 이의를 제기하거나 재고의 여지를 못 느끼는 듯하다.

하지만 은나라의 멸망은 결코 달기라는 한 여인의 소행에 따른 것이라고 보기에는 적지 않은 의문점이 느껴진다. 달기가 결코 선행을 한 인물이 아니고 분명히 끔찍한 형벌에 즐거움을 느낀 악녀적인 성향이 없지는 않았지만 말이다. 냉정하게 은나라의 정치를 책임지고 있던 당시 은나라의 임금이던 주왕에게 일차적인 책임성을 제기해야 온당하지 않을까. 거듭 생각해보아도 국가경영을 잘못된 방향으로 추진한 은나라 마지막 임금이던 주왕의 기이한 행동에서 은나라의 멸망과 그에 따른 백성들의 고통이 비롯되었다고 보는 게 타당할 것이다.

아무튼 이것도 추측이지만 상나라가 은나라로 불리게 된 것은 마지막 왕인 주왕의 형편없는 치세도 영향을 준 것 같다. 주왕은 주지육림(酒池肉林) 고사의 주인공으로, 경국지색의 달기에게 반하여 정사는 팽개치고 매일 술과 여자 속에 파묻혀 살다가 나라를 망쳐놓았다.

주왕과 달기 이야기

달기를 두고 그 미모가 가히 빼어나게 아름다웠다고 한다. 그 같은 경우를 두고 경국지색이라고 한다. 곧 '나라를 기울일 만큼 뛰어난 미모'란 뜻이다. 그녀가 얼마나 예뻤던지는 그녀에 관한 마지막 일화로 짐작된다. 달기가 은나라의 한 제후국인 주나라의 군사들에 붙들려 막 참수를 당하려 할 때, 칼을 쥔 형리가 차마 달기의 얼굴을 바라보지 못했을 지경이었다고 한다. 악녀로 알려진 달기의 얼굴이 뜻밖에도 너무도 기품있고 유려했고 미모가 마치 깎은 듯했기 때문이란다.

그렇다면 달기란 여인은 어떤 과정을 통해 은나라 멸망기에 악녀로 소문난 것이며, 어째서 그토록 모진 여인으로 비판받아 온 것일까.

관련 기록에 따르면 달기는 애초에 은나라의 백성이 아니었다. 그녀는 은나라의 강력한 무력에 의해 침공당하여 식민지 같은 신세로 전락한 소국 유소씨의 여인이었다. 그런데 유소씨의 제후가 은나라의 주왕에게 자신의 안위를 보장받고자 한 여인을 바쳤는데, 곧 달기였다.

은나라 주왕은 달기를 보고서 마음을 빼앗겼고, 그녀를 위해서라면 무엇이든지 해주려고 했다. 그런데 달기는 본래 요염하기 이를 데 없는 절색에다가, 총명하여 말을 잘 했고 더불어 뛰어난 가무 솜씨로 보는 이의 눈길을 사로잡았다고 한다. 한마디로 미모와 재예를 함께 갖춘 선녀 같은 여인이었던 셈이다.

문제는 그 같은 달기의 재주와 아름다움이 엉뚱하게 나라의 멸망과 함께 자신의 나라를 집어삼킨 제국의 임금에게 마치 전쟁 전리품처럼 바쳐진 점이다. 모르긴 몰라도 달기의 속마음은 자신을 바친 유소국의 제후나 자신을 마치 무슨 상품덩이처럼 거머쥐려는 은나라의 주왕이 모두 꼴 보기 싫은 사내들이었을 것이란 점이다. 짐작컨대 달기는 자신의 삶이 여느 여인처럼 순탄하질 못하고, 국가 간의 전쟁에 따른 거래물건과도 처리된 것에 몹시 마음이 상하여 일종의 한을 품었음직하다.

달기를 품게 된 은나라의 주왕은 완전히 눈이 먼 임금으로 뒤바뀌었다. 본래 민첩하고 명민하던 주왕은 오로지 달기와 함께 지내며 노닥거리는 것에 삶의 낙을 느끼고 있었다. 따서 주왕은 일단 환락을 넉넉히 즐길 만큼의 유흥자금과 재물이 필요했다. 그러므로 엄청난 조세를 거둬들이도록 했고, 그 숱한 재물을 보관할 재물창고인 녹대를 건설하게 했다.

이어 본격적으로 유흥에 빠져들었는데, 그에 따라 모래언덕에 특수한 놀이공간을 마련했다. 거대한 풀을 이룬 물놀이용 웅덩이를 대규모로 축조한 뒤, 그 주변의 숲에는 음주에 따른 안주로 먹을 기름진 고기 요리를 대롱대롱 매달게 한 것이다. 그리고 거대하게 축조된 물놀이용 웅덩이에는 달콤한 술을 퍼붓고 자신과 달기는 물론 측근의 간신배들이 모두 그 웅덩이에서 마치 목욕하듯이 즐겼는데, 그것을 일컬어 온갖 역사서에는 주지육림이라고 한다. 곧 '술로 차서 이룩된 못과 고기요리에 의한 숲'이란 뜻이다.

하지만 주왕은 오로지 연못에서 술만 퍼마시고 노는데 그치질 않았다. 달기가 놀이에 별다른 흥미를 느끼지 않자 아주 엉뚱한 생각을 한 것이다. 언젠가 달기가 사람이 고통에 빠질 때 웃는 것을 본 주왕은 여러 가지 죄목으로 형을 기다리는 사람들을 불러내어 아주 고통스럽게 형벌을 가하는 방식을 생각해낸 것이다.

따라서 주왕은 구리 기둥으로 만들어진 기다란 보를 설치케 하고 그 기둥에 기름을 흐르게 한 뒤 죄수들을 그 위로 걷게 했다. 더욱이 기둥의 아래에는 시뻘겋게 달아오른 숯불을 피워놓았으니, 어떤 죄수라도 구리기둥의 위를 걷게 되면 기름에 의해 미끄러져 숯불에 불탈 지경이었다. 결국 달기는 구리기둥의 아래로 미끄러져 떨어지면서 숯불에 불타 죽어가는 죄수들의 비명을 들으며 깔깔대며 웃음을 참지 못했다고 한다. 그러자 은나라 임금인 주왕은 그 모습에 자신도 즐거워서 마냥 낄낄댔다고 하니.

역사서에는 그토록 가공할 모습을 포락지형(炮烙之刑)이라 기록하여 후세에 그 사건을 전해들은 이마다 치를 떨었다고 한다. 그러나 은나라에서 이루어진 그같이 끔찍한 만행은 결국 숱한 사람들의 저항감을 불렀고, 마침내 주나라 제후인 백창과 그 부하들에 의한 반란을 불렀다. 따라서 주지육림과 포락지형은 달기와 주왕에게 웃음을 가져다주었을지 몰라도 그들의 삶과 제국의 운명까지 함께 앗아가게 한 원인이 되고 말았다.

곰곰이 생각해보면, 모든 멸망의 근원은 무력으로 이웃 소국을 침공해 들어간 은나라의 주왕에게 있었다. 더욱이 주왕은 점령한 소국으로부터 한 여인을 전리품으로 챙겨 득의만만하지 않았던가. 더욱이 그녀의 내면에 도사리고 있던 조국 망국의 회한과 그에 따른 들끓는 복수심을 위로하거나 달래기는커녕 엉뚱한 환락과 끔찍한 형벌을 지켜보면서 비이성적 엽기의 광경에 취하고 급기야 국가경영의 합리성을 망각하게 되었으니 말이다. 과연 그런 점을 두고도 달기라는 한 여인을 두고 은나라 멸망을 이야기하기에는 여전히 동의하기 어려운 측면이 있다.

산 속에 숨어 도를 닦던 공주

　　은나라가 주백창과 태공망을 중심으로 이루어진 신흥세력에 의해 무너지고 새로이 주나라가 섰다. 세상 사람들은 혁명이 이루어졌다고 했다. 혁명이란 본디 가죽 뒤에 함께 붙은 살을 발라내고 만들어진 가죽과도 같이 새로운 성질을 가져오는 운명인 것이다. 살이 없는 가죽은 질긴 성질만을 지닌다. 그러나 부드럽지 못한 가죽은 너무 딱딱해지면 뚝 하며 잘라질 수 있다. 그것은 우리네 사람의 한 단면을 대신하여 말해주는 것인지도 모른다.

　　그래서일까. 은나라를 무너뜨린 주나라 역시 북방유목족의 침공에 따라 서에서 동으로 옮겨지더니, 제후들이 천자의 명을 무시하는 사태가 다시 찾아왔다. 역사가들은 그렇게 천자의 권위가 흔들리던 시기를 춘추시대라고 일컫는다.

　　춘추시대에는 지방 제후들이 마치 천자인 것처럼 위세를 떨치며, 자신들의 정치적 행동을 합리화했다. 그래서 말을 잘하고 똑똑한 척하는 숱한 전문가를 기용했으니, 바로 제자백가이다.

　　사람들은 은나라의 무너진 것을 두고 달기라는 표독스런 미녀와 그녀의 미모에 이성을 빼앗긴 주왕을 욕하던 것을 잊어갔다. 그러면서 각 지방의 백성들은 전란의 공포에 떨었고, 허기진 배를 움켜쥐며 창검을 피해 떠돌았다.

　　그런 사이에 사람들은 누군가 굶주리고 불쌍한 백성들을 따뜻하게 품어주고 보듬어주는 이가 나타나길 바랐으리라. 마치 어머니와 같은 그런 분 말이다. 그래서일까. 근거가 불확실한 어떤 여인의 이야기가 슬며시 소문처럼 퍼졌다. 그것은 하늘에서 꽃구름을 타고 꽃잎을 흩날리며 한 방울이라도 마시면 소생의 기운을 얻게 하는 생명수를 지닌 선녀의 이미지와 다를 바 없던 존재였으리라.

그 때 나타난 사람이 바로 창용이다. 창용이 주왕의 딸인지 아닌지는 알 수가 없다. 단지 그녀 스스로 '은나라 공주'라고 하였을 뿐이다. 그런데, 그렇게 귀한 신분이었다면 왜 산에 들어가 도를 닦고 있었던 걸까. 이 역시 주왕의 폭정이 이유가 될 수 있다. 궁궐에서 아버지의 모습을 차마 보기 힘들어 차라리 산으로 숨어 들어간 것은 아닐지.

세상으로 나간 창용

또 한 가지 생각할 것은 당시 백성들의 염원이 신비스러운 창용을 빚어냈을 수도 있다는 것이다. 비탄에 빠진 자신들을 구해 줄 신녀와도 같은 사람이 필요했기에 가상적으로 만들어냈다는 시각도 있다.

하지만 창용은 「열선전」은 물론, 「문선」, 「태평광기」, 「태평어람」 등 여러 문헌에 등장한다. 「열선전」에는 창용으로, 기타 문헌에는 상왕녀(商王女)나 은왕녀(殷王女)로 나오는데, 이는 그가 가공인물이기보다는 실재 인물 더 가깝다는 것을 말해준다.

창용은 상산에서 명덕딸기나무의 열매를 즐겨 따서 먹었다. 그녀는 사람들 눈에도 띄었는데, 워낙 예뻐 사람들이 그 미모에 취하기 일쑤였다고 한다. 그런데, 특이한 것은 그녀가 200년 정도나 사람들의 눈에 띄었다는 것이다. 그럼에도 불구하고 항상 20대 여인처럼 예뻤다고 기록하고 있는 것을 보면 창용의 이야기가 백성의 염원과 섞이면서 신격화되지 않았나 생각된다.

그런데, 산속에 은거하는 창용은 도대체 무슨 수로 돈을 많이 벌었을까. 기록을 더 살펴보면, 창용은 자초(紫草)를 잘 캤단다. 자초는 지치라는 식물의 뿌리로 옷감을 염색하는 재료로 많이 쓰

인다. 또한 토혈·코피, 소변 출혈, 홍역에 쓰면 약효가 있고, 화상이
나 동상, 습진, 발진, 피부궤양 등에 소독약으로도 사용되는 약재
이기도 하다.

창용은 자초를 캐서 염색집에 팔았는데, 당시에는 자주색으로
옷을 염색해 입는 것이 흔했는지 돈을 많이 벌었다는 것이다. 그렇게
돈을 벌어들이다 어느 순간 창용은 계획을 실행하기로 결심했다.

"이제 세상에 나가자. 그리하여 도탄에 빠진 백성들을 돕자."

그녀의 이야기는 짧게 전해진다. 그러나 그녀가 자신의 삶만 위
해 살았더라면 그 짧은 일화조차 남기지 못했을 것이다. 패망한 왕
실에서 태어난 공주로서 백성의 아픔을 진정으로 자신의 아픔처럼
느끼고 평생 모은 재산을 불쌍한 사람들에게 나눠준 것은 충분히 칭
송받을 만한 일이다. 그런 까닭에 그녀를 기리는 시가 오늘날까지
전해진다.

은나라 임금의 딸은 영화를 잊었구려.
일찌감치 연연함을 남긴 바 없네.
온화하며 부드러운 얼굴빛
화려함이 거듭 빼어났네.
마음은 조화와 더불어 옮겨졌고
나날이 기와 더불어 단련되셨네.
쌓이고 놓인 숱한 재물들
고아와 천한 이들에 미치었구려.

창용의 메시지

우리는 창용으로부터 다음과 같은 메시지를 얻을 수가 있다.

첫째, 세상은 늘 무엇인가를 기대한다는 것이다. 복잡 기묘한 삶 속에서 쉽게 지쳐가는 사람들은 비록 마음속에서 꾸는 꿈이겠으나, 깊은 산 이슬 묻은 꽃잎과도 같은 순수 세계를 동경한다. 따라서 창용 같은 신비한 여성상은 언제나 이상화된 인물상으로 다가온다.

둘째, 참된 깨달음이란 무엇인가를 생각하게 한다는 점이다. 창용은 깊은 산 속에서 도를 닦던 수행자였다. 그러나 그녀는 현학적이거나 거들먹대지 않았다. 자신이 캔 자초(紫草)를 팔아 이웃과 빈민을 위한 구호사업을 폈다. 세상은 그렇게 늘 이타적 인물들에게 따뜻한 정을 느끼며, 살아가는 맛을 함께 곱씹게 된다.

셋째, 어떻게 사는 것이 과연 바람직한가를 느끼게 해준다는 것이다. 창용이 은나라의 공주라는 사실은 그녀의 고귀한 신분을 짐작케 해준다. 그런데 창용은 혼란한 세상에 미담을 넘쳐흐르게 하여, 고귀한 신분과 전혀 무관하게 미덕과 인품을 느끼게 하였고, 마침내 시대의 아이콘처럼 인식되었다. 창용이 많은 이들에게 칭송되고 회자되는 까닭은 선녀 같은 미모와 너그러운 덕성을 고루 갖추었기 때문으로 헤아려진다.

두로왕국 이세벨공주

성서 속의 악녀가 된 모녀

정략결혼에 의해 이스라엘 왕비가 된 이세벨(Jezebel)은 그녀의 딸

아달리아(Athaliah)와 함께 성서 속에서 악녀로 등장한다.

이세벨은 자신의 나라 두로 왕국의 종교를 이스라엘에 전파하는 과정에서

꽃다운 아이들을 산 채로 제물로 삼는 등 광기의 모습을 보여주었다.

또한 아달리아는 유다 왕국을 섭정하며 우상숭배를 위한 만행을 저질렀다.

왕비와 공주라는 자리를 믿고 세상 돌아가는 이치를 거스른 3천년 전

두 모녀를 만나 보자.

지금으로부터 약 3천 년 전 솔로몬 왕이 죽은 뒤 이스라엘은 상하로 나뉘어졌다. 거짓말처럼 들리겠지만 이스라엘 제왕이던 솔로몬은 여러 명의 왕비 이외에 무려 700명의 후비와 300명의 후궁을 두었다고 한다. 그러나 솔로몬과 1천여 명에 달하는 궁실 여인들의 관계는 급기야 궁실 여인들이 제각각의 삶을 추구한 상태로 끝났으며, 솔로몬의 제국에는 남북으로 나뉘는 분열의 징조가 싹텄다. 오늘날 솔로몬 제국의 분열을 두고 흔히 여호와 신앙에 충실하지 못한 솔로몬의 불경스런 태도를 비꼬기가 쉽지만, 그를 단순하게 탐욕에 가득 찬 제왕으로만 지탄하는 것으로 이스라엘 제국의 분열된 이유를 모두 설명할 수 있는 것일까?

이스라엘 제국의 기초를 마련한 다윗의 유훈에 맞추어 통치의 방향을 잡은 솔로몬의 행동은 어찌 보면 효자의 모습이었다고 할 수 있다. 동양적 논리를 빌리자면 솔로몬은 양지를 행한 셈이 아닌가. 양지란 '부모의 뜻을 받들어 지극한 효도를 다하는 일'로 정리되는 동양적 효도의 한 개념이다. 솔로몬이 부왕인 다윗의 유훈에 충실한 것은 분명코 양지의 길이었다.

그러나 솔로몬이 평생을 양지의 마음으로 추구하려던 계획은 사실상 그 과정에서 새로운 사상과 문화의 융합이라는 요소가 끼어들어 변형되어 갔음을 주목할 필요가 있다. 그런데 새로운 사상과 문화의 요소는 원만한 혼합 비율과 속도 조절이 전제되어야 하는 경우가 많다. 솔로몬의 치세 후반도 다를 바 없었다. 숱한 외국 출신 여성들을 왕비와 후비 그리고 후궁이라는 명목으로 수용한 터에 그들의 다양한 신앙의식과 풍습을 적절히 융합시키고 관리하지 못한 결과는 마침내 제국의 파탄을 부르는 원인이 될 뿐이었기 때문이다.

이쯤에서 떠오르는 사자성어가 있으니, 회자정리다. 함께 하는 것은 떠날 것을 정해둔 것과 같다는 뜻이다. 숱한 이방 여인들을 궁성 안에 모여 있게 하였지만 그들 여인들의 내면은 고국의 풍습과 신앙에서 결코 떠나지 않은 것이었고, 마침내 그러한 이질적 문화와 이질적 신앙관은 제국을 무너뜨리는 별리의 요인이 되고 만 것이다.

그렇다면 도대체 솔로몬의 계획은 이후에 어떠한 요소와 색채로 바뀌었으며, 그 중간 과정의 융합과 관리는 왜 실패한 것일까?

분리된 이스라엘

솔로몬이 치세의 후반에 이방신앙의 예배를 허용하였지만 그에 대한 반발은 제사장과 같은 사제집단에 국한된 것으로 여겨진다. 정작 솔로몬에 반발한 반란의 발생 조짐이나 그에 따른 근본 원인에는 솔로몬이 그토록 집착한 세금 정책이 관련되어 있었다.

백성들은 신앙의 문세보다는 당장의 생활고를 하소연하였다. 그러나 솔로몬은 심정적으로는 감세조치를 내리고 싶었으나 대제국의 건설이라는 대야망을 버릴 수는 없었다. 따라서 돈이 들지 않는 신앙의 문제를 조금 허용하면서 백성들의 불만을 잠재우고자 했을 터이다.

그런데 당시에 솔로몬이 이방 신에 대한 예배의 허용을 한 데에 가장 크게 반응을 보인 사람들은 가나안 원주민보다는 놀랍게도 궁중의 이방 출신 공주들이었다고 한다. 역시 《구약》에 보면 "모압의 가증한 그모스를 위하여 예루살렘 앞산에 산당을 지었고 암몬 자손의 가증한 몰록을 위하여 그와 같이 하였으며, 저가 또 이족 후비들을 위하여서다. 그와 같이 할지라 저희가 자기의 신들에게 분향하며 제사하였더라"는 내용이 보이기 때문이다. 어째서 이족의 후비들을 위해 그 같은 분향과 제사를 허용한 것일까.

솔로몬은 비록 이방의 고위 여성들이 자신에게 시집을 와서 아내들이 되었지만 안심을 하지 못하였던 것 같다. 외교적 타협과 조약의 일환으로 맞아들인 여인들이었으니 그녀들의 비위를 건드린다면 해당 국가로부터의 경제적 군사적 협력이 어찌 지속될 것이었겠는가. 따라서 솔로몬이 당시 궁성 안의 이방출신 왕비나 후비들에게 이방신앙을 허용한 측면은 자신의 제국 운영의 지속성을 위해서라도 너무 당연한 정치적 조치였음을 미루어 짐작할 수 있게 된다.

결국 대제국의 추진이라는 야망과 집착에 따라 솔로몬은 국가의 정책에 있어 신앙문제만큼은 부분적인 관용을 허락한 것이었다. 그럼에도 불구하고 모든 백성들이 하나같이 소망하던 세금의 감소는 결코 허락하지 않았고, 마침내 그 문제는 제국을 뿌리 채 흔들며 분열을 일으키는 중대 요인이 되고 만 것이었다.

결국 그가 죽은 뒤 농경을 위주로 하는 북쪽 이스라엘과 목축을 위주로 하는 남쪽 유다 왕국으로 분리되니, 북쪽은 태양신인 바알(Baal)을 신봉하게 되었으며, 남쪽은 여호와를 섬기게 되었다. 바알은 본래 번식과 자연의 신으로 고대 페니키아인과 가나아인들이 숭배하던 신이다. 이스라엘이 바알을 신봉하긴 하지만 일부 사람들은 여전히 여호와를 믿었다.

사정이 이러하니 주변의 소국들은 두 나라와 충돌을 피하기 위해 편 가르기를 할 수밖에 없었는데, 특히 북쪽의 이스라엘을 통치하는 오므리(재위, 기원전 884년경~873년경)에게는 아람(Aram)의 군대가 늘 걱정거리였다. 아람은 현재의 레바논 지역은 물론 유프라테스 강과 티그리스 강 주변에서 터를 잡고 일어난 세력이다. 다윗시절 700대나 되는 전투용 수레와 4만의 기마병으로 이스라엘을 침공하기도 하여 결코 무시할 수 없는 힘을 지니고 있었다.

오므리는 위협적인 아람에 대비하여 해안도로와 가까운 군사적 요충 지역을 세메르에게 2달란트를 주고 구입하여 요새를 구축하였다. 이 지역은 본래 소유자였던 세메르의 이름을 따서 사마리아라고 불렀다. 이와 함께 이웃한 두로 왕국을 비롯한 페니키아 세력들과는 친화정책을 폈다. 두로 왕국은 바알을 신봉하는 국가이므로 큰 충돌은 걱정되지 않았으나 구태여 긴장을 일으킬 필요는 없었던 것이다.

이스라엘 왕자와 결혼한 이세벨

무엇보다도 오므리는 자신의 아들을 두로 왕국의 공주와 결혼을 시켜야겠다고 마음먹었다. 이 소식을 들은 두로 왕국의 엣바알 왕도 굳이 반대할 필요는 없었다. 자신의 딸인 이세벨을 이스라엘 왕실에 보낸다면 한시름을 놓을 수 있으리라 여겼다. 또 하나 고무적인 것은 아직 바알 숭배가 미약한 이스라엘에 바알 신앙을 널리 펼 수 있을 거라고 생각했다. 마침내 두 국가 사이에 혼인이 결정되자 엣바알은 태양의 신 바알의 사제 400명을 뒤따르게 했고, 역시 달의 여신 아스타르테의 여사제 400명을 함께 보냈다.

두로 왕국의 공주 이세벨은 이렇게 하여 이스라엘 왕자 아합과 결혼했다. 기원전 873년 오므리가 죽자 아합은 왕위에 올랐고, 이세벨은 왕비가 되었다. 성서의 「구약」〈열왕기〉 하편 기록에 의하면 아합은 재위 기간(기원전 872~852년경) 동안 어떤 이스라엘 왕보다 더 악한 짓을 한 왕이라는 평가를 받고 있다. 특히 왕비인 이세벨의 우상 신봉을 적극적으로 도왔다.

아합은 왕위에 오른 뒤 부왕인 오므리가 하던 정책을 추진해나갔다. 아람과의 변경 지역에 있는 하솔에 튼튼한 성벽을 쌓았으며, 해안도로의 주변에 있는 므깃도에 새 궁전을 지었다. 궁전 옆에는 500여 필이나 되는 말을 둘 수 있는 마구간도 세웠는데, 이는 아람의 침략에 대비한 것이다. 아합은 이러한 정책을 통해 선대왕인 오므리에 못지않은 강력한 나라를 구축할 수 있었다.

인신공희의 광기를 보여주다

그런데, 문제는 이세벨이었다. 이세벨은 아합이 외부에서 동분서주하는 동안 왕실 내부를 장악했고, 서서히 바알 신앙을 펼쳐나가기 시작했다. 아합은 그러한 왕비의 행동을 나쁘게 생각할 이유가 없었다. 자신은 아람과 싸우느라 바빴고, 왕비가 내부를 강력하게 장악한다면 반란도 일어나지 않을 것이라고 여겼다.

아합은 아람 군대와 몇 차례나 전쟁을 치렀다. 특히 사마리아 전투는 치열했다. 미리 방비한 까닭에 사마리아 전투에서 승리를 거두었으며, 야르묵에서 벌어진 두 번째 전투에서도 승리해 아벡 지역까지 점령하는 성과를 거두었다. 아벡을 점령한 것은 이스라엘인들이 다메섹 지역에서 교역을 할 수 있는 권한을 갖게 됨을 의미한다. 이를 통해 경제적인 이익도 가져왔다.

아합이 아람과의 전쟁을 치르는 동안 이세벨은 바알 신앙을 전파하는데 신경을 썼다. 그러나 도를 넘어섰으니 어린 소년과 소녀를 신에게 바치는 의식을 거행하기 시작한 것이다. 왕실 내부를 완전히 장악한 이세벨의 말은 곧 법이었다.

그 의식이 거행되기 전 사람들은 정말로 왕비가 어린 소년 소녀들을 제물로 바알 신에게 바칠 것인지 반신반의했다. 그러나 이세벨은 의식을 감행했다. 많은 사람들을 모아 놓고 그들이 보는 앞에서 어린이들을 활활 타오르는 불 속에 쳐 넣었던 것이다.

"나라의 운명을 열고, 평화를 위해서"

이것이 바로 이세벨이 소년 소녀를 제물로 바치며 외친 구호다. 사람을 제물로 바치는 행위를 인신공희(人身供犧)라 하는데, 중남미 아스텍 문명권에서도 더러 행해졌다고 한다. 아무튼 이세벨의 무시무시한 인신공희에 사람들은 덜덜 떨었다. 더구나 이세벨은 자신이 낳은 아이까지 불길에 던지는 광기까지 보여주었다.

이런 이세벨의 끔찍한 행위를 과연 아합은 보고만 있었던 걸까? 「구약」에는 아합이 이세벨을 제재한 어떤 기록도 나오지 않는다. 아마도 그는 이세벨의 행위를 묵인하여 백성들을 꼼짝 못하게 하고 싶어 했던 것이 분명하다. 그런 까닭에 이스라엘 역사상 아합은 최악의 왕으로 평가를 받는다.

그러나 아합의 죽음은 갑자기 다가왔다. 한 전투에 나섰다가 적의 화살에 맞은 것. 왕궁보다는 전쟁터에서 살아온 아합은 왕실을 추스르지도 못한 채 죽고 말았다. 이후 아들 여호람이 왕위에 올랐다. 왕이 죽은 뒤에도 이세벨은 광기를 멈추지 않았다. 기록에 따르면 이세벨은 아합이 죽은 지 10년이 지나도록 여전히 표독스러운 독재 정치를 폈던 것으로 전해진다.

그 와중에 들끓는 민심을 대표하여 처음 봉화를 쳐든 이가 나났으니 바로 선지자로 알려진 엘리야(Elijah)다. 그는 갈멜산에서 바알교도들을 신이한 여호와의 힘으로 굴복시켰다. 이 일을 전해들은 이세벨은 분노가 일었다. 그러나 백성들 사이에서는 동요가 생기기 시작하니 궁정 안에서 관리로 일하던 예후가 어느 날 이세벨에게 몰래 접근해 화장을 하고 있는 이세벨을 창가로 던져 버렸다. 마침 그 아래에는 거친 개들이 있었다. 사건은 너무 순식간에 벌어졌다. 이세벨의 몸뚱이는 개에게 처참하게 물어 뜯기어졌고, 뼈만 앙상하게 남긴 채 죽고 말았다.

그 엄마의 그 딸 아달리아 공주

한편, 아합과 이세벨의 딸 중 유다 왕국으로 시집을 간 공주가 있었다. 아달리아가 바로 그 공주다. 유다 왕국이 아달리아를 며느리로 삼은 것은 곧 불행한 역사의 시작이다. 그것은 씻을 수 없는 실수이며 아합 가문의 우상숭배와 영적인 타락을 끌어들이는 무서운 범죄와 같았다. 아달리아는 어머니인 이세벨보다 더 악독하게 우상을 숭배했으며, 더 악하게 다윗의 일족을 죽이고자 했다.

먼저 여호람이 불치병으로 죽었으며, 그 자녀들은 아라비아와의 전쟁으로 다 살해되고 아하시야만 남게 되었다. 아하시야는 왕이 될 자질도 갖추기 전에 혼자 남은 왕자로서 왕위에 올랐다. 당연히 아달리아는 섭정을 하기 시작했고, 자신의 종교를 마음대로 펼쳐나갔다. 유다 왕국은 여호와를 믿는 국가였으므로 아달리아의 행위는 우상숭배에 지나지 않았다.

그러던 중 아하시야가 죽는 사건이 발생했다. 북조 요람왕의 병문안을 갔다가 예후에 의해 죽고 말았던 것이다. 이 사건은 아달리아에게도 충격이었다. 그녀는 자신이 완전히 집권하기 위해 남아 있는 왕족을 모두 죽이기로 작정하였다.

그러나 아하시야의 누이 여호세바가 갓난아기 한 명을 빼돌렸으니 그 어린왕자의 이름은 요아스다. 여호세바는 6년 동안이나 몰래 요아스를 여호와의 전에 숨기고 살았다. 이 기간 동안 아달리아는 극도의 공포스런 정치를 폈다. 특히 바알 신앙을 전파시키는 데 혈안이 되었다. 그러나 여호세바와 그의 남편인 제사장 여호야다는 혁명을 준비하고 있었다. 그들의 꿈은 요아스를 왕위에 앉히고 유다 왕국을 되찾는 것이었다.

마침내 요아스가 7세가 되던 해 여호야다는 백인대장을 설득했으며, 혁명군을 조직했다. 안식일에 교대하는 틈을 이용하여 궁궐과 성전을 지키는 군인들을 혁명군으로 바꾸어 놓았다. 여호야다는 혁명군을 세 부대로 나누어 일부는 궁궐을 지키게 하고 일부는 궁궐 안에 있는 호위대를 감금했으며 일부는 수르문이라는 성문을 지켜 외부 군대의 지원을 철저히 차단시켰다. 그리고 또 다른 부대는 성전을 호위하게 하였다.

그런 뒤 아달리아를 유인하니 아달리아는 혁명군이 자기 군대인 줄 알고 별 의심 없이 여호와의 전으로 들어섰다. 그 순간이었다. 여호야다는 요아스의 머리에 기름을 부었다. 이에 백성들이 박수를 치고 환호하며 만세를 불렀다.

"요아스왕 만세! 만세! 만세!"

성전 안으로 들어오던 아달리아는 그 소리를 듣고는 "반역이다! 반역이다!"라고 외치며 밖으로 나갔다. 그러나 그녀는 방향을 잘못 잡아 말들이 마구 달리는 곳으로 들어가고 말았다. 성난 말들의 발굽에 밟혀 누구의 도움도 받지 못한 채 죽어갔다. 여호야다는 요아스를 옹립한 이후 바알의 단을 헐고 바알 제단의 대표적인 제사장 맛단을 처형, 우상 종교를 쓸어버렸다.

아무튼 아달리아 역시 어머니인 이세벨과 최후가 크게 다르지 않

있다. 많은 연구가들은 아달리아를 악마의 화신처럼 여긴다. 아달리아가 그리스도의 혈통을 끊으려고 했기 때문이다. 그러나 결국 악은 선을 이기지 못하는 것일까.

이세벨 왕비와 아달리아 공주의 신앙 행위와 그에 얽혀 벌어진 사회 혼란은 적어도 믿음에 대해 어떠한 태도가 필요한지를 일깨운다. 사람들에게 새로운 이념이나 신앙을 펼 때는 그 사회의 여건과 풍속을 파괴하면서까지 해서는 안 된다는 것 말이다. 그것은 새로운 개혁 사업을 펴는 때에도 똑같이 제기되는 문제이기도 하다. 모든 이들에게 넉넉한 믿음을 느끼게 하고 가능한 자발적인 참여를 이끌어 내어야 하지 않겠는가.

어떻든 이세벨과 그 딸인 아달리아 공주는 자신들에게 주어진 조건을 살리지 못하고 기독교 역사 속에서 영원히 악녀로 남는 불명예를 스스로 불렀다.

이세벨과 아달리아의 메시지

우리는 이세벨과 아달리아에서 다음과 같은 결론을 끄집어낼 수 있다.

첫째, 두 여인은 결코 세상을 고단하게 살거나 지혜로 돌파하며 살아가는 여성들에게는 모범이 될 수 없다. 그들은 분명 독재적 전제군왕인 솔로몬의 정략적 정치노선과 세계관의 액세서리에 지나지 않았기 때문이다.

둘째, 자신의 자리에 최선을 다하는 것이 참된 삶이라는 것이다. 페니키아 도시국가와 이집트왕국 등 이스라엘 주변의 왕국들과 우호적 관계를 유지하려고 하던 솔로몬으로서는 어쩔 수 없이 국가간 혼인에 따른 유화책의 실행은 필수적이었다. 그런 가운데 이집트 공주가 솔로몬의 왕비가 되어 이스라엘 왕궁의 안주인이 되었으나, 그것은 결코 행복한 삶이었는지 의문스럽다. 두 제후에게 시집간 솔로몬의 두 공주도 마찬가지다. 그렇다 해도 자신에게 주어진 삶을 최선을 다해 살아가는 것이 중요하지 않을까.

셋째, 두 공주의 일화는 나름 의미를 지닌다. 기독교인들과 적지 않은 기독교 관련 사학자들은 흔히 솔로몬의 치세 말기를 두고 이방신앙의 만연에 따른 분열의 빌미가 조성된 점을 지적한다. 그러나 거꾸로 생각한다면 솔로몬의 시대야말로 기존의 신앙전통과 이방신앙의 조화와 융합을 추진한 신앙의 과도기였다는 평가가 가능해진다. 달리 말해 신앙의 문화 변용기였던 셈이다. 그 같은 문화변동의 새로운 가능성이 추구될 수 있었던 데는 두 공주의 역할이 컸다. 따라서 이스라엘 땅에 신앙적 융합이 시도될 수 있는 분위기의 조성에 적지 않은 기여를 한 것으로도 평가할 수 있다.

넷째, 상대적인 국제균형을 이룰 수 있었다. 자신의 정체성조차 뚜렷하지 않게 살다간 공주들의 삶은 결국 국제번영의 균형추와 같은 역할을 다했다고 본다. 이를테면 이집트 공주의 경우 자신의 고국을 위한 정치적 행동을 드러냈다면 솔로몬 왕국과 이집트 왕국은 긴장관계로 변질됐을 터이다. 결국 공주들의 삶은 개인적으로는 무색무취의 삶이었는지 모르지만 국제적 긴장이 아닌 평화유지라는 큰 의미를 불러온 조정자적 삶이기도 했던 셈이다.

두로왕국 에리사공주

카르타고를 세운 전설의 여인

두로 왕국의 공주 에리사(Erisa)는 부왕이 죽은 뒤 오빠 피그말리온의
탐욕에 남편과 전 재산을 잃고 새로운 세상을 찾아 떠난 여성이다.
죽음의 고비를 넘기며 사이프러스를 거쳐 지중해를 통해 북아프리카 끝
튀니스 만에 정착한 그녀는 '새로운 도시' 카르타고를 건설하고
여왕이 된다. 하지만 트로이 청년 아이네이아스에게 반해 목숨을 끊고
만다. 역사와 전설, 그리고 신화를 넘나드는 판타지와도 같은
흥미가 넘치는 에리사 공주의 삶을 추적한다.

'티레(Tyre)의 고대 페니키아인이 북아프리카의 튀니스만 북 연안에 건설한 도시 및 도시 국가.'

카르타고(Carthago)를 사전에 찾아보면 위와 같이 나온다. 그리고 창건 연대에 대해서는 여러 설이 있지만 BC 814년경으로 추측된다고 설명하고 있다. 티레는 앞서 이세벨 공주 이야기에서도 나온 두로를 말하는데, 지중해 동쪽 끝 오늘날의 레바논 지역이다. 튀니지는 에스파냐를 마주보는 북아프리카 끝으로 지중해 서쪽 끝에 가깝다. 거의 3천 년 전 두로 사람들은 어쩌자고 그 먼 곳까지 가서 새로운 도시를 세운 것인가.

두로 왕국 에리사 공주의 슬픔

여기에는 전설과도 같은 이야기가 숨어 있다. 이세벨보다 늦은 시대에 두로 왕국을 다스리던 맛탄 1세(재위, 기원전 829 ~ 821년경)는 자신이 죽으면 왕권을 자녀들에게 어떻게 나눠 줄까 고민에 빠졌다. 왕자인 피그말리온(Pygmalion)에게 왕위를 물려주는 것이 보통일 테지만 그는 다른 생각을 가지고 있었다. 공주인 에리사에도 똑같이 주었으면 좋겠다는 마음을 가지고 있었던 것이다.

마침내 죽게 된 맛탄 1세는 피그말리온과 에리사를 불렀다.

"아들과 딸아. 너희가 내 권위를 똑같이 나눠 가지도록 하라."

왕의 말은 에리사에게는 너무도 합리적인 말로 들렸다. 남녀를 차별하지 않고 자신에게도 똑같이 상속을 하였으니 에리사 역시 국가 경영을 아버지처럼 해야겠다는 각오가 생기는 거였다. 그러나 피그말리온은 도무지 왕의 처사를 이해할 수가 없었다. 적장자는 자신인데, 여동생과 똑같이 나눠 가지라니…

결국 맛탄 1세가 죽자 피그말리온은 감추었던 욕망을 드러내기 시작했다. 그는 정변을 일으켜 에리사의 남편을 살해하고, 에리사의 재산을 모두 빼앗았다. 에리사의 남편은 숙부였는데, 탐욕에 눈이 멀어 가족을 살해했던 것이다. 이에 위협을 느낀 에리사는 서둘러 두로 땅을 떠났는데, 당시 그를 따르던 귀족들도 함께 나섰다. 바로 그 에리사 일행이 도착한 곳이 지금의 튀니지 땅이다.

새로운 땅을 찾아나선 에리사

이 전설 같은 이야기는 그리스신화에도 등장한다. 단지 에리사라는 이름 대신 디도(Dido)라는 여성이 나오는데, 디도란 '떠도는 사람', 즉 방랑자란 의미를 지니는 말이다. 그리스신화의 내용도 전설과 흡사해, 디도는 숙부인 시카이오스와 결혼하고, 부왕인 무토가 죽자 무토의 왕권을 오빠인 피그말리온과 양분하기로 한다. 그러나 피그말리온은 시카이오스를 죽이고 왕권을 홀로 독차지하며, 디도는 떠난다는 내용이다. 디도가 떠난 뒤 피그말리온은 카르타고를 건설하게 된다.

전설과 신화에 의하면 피그말리온 왕자도 카르타고를 세우고, 엘리사 공주도 카르타고를 세우는데, 여기에서 카르타고의 뜻이 '새로운 도시'이므로 각각 다른 곳에 새로운 도시를 세웠다는 의미로 보면 될 것 같다.

그런데, 피그말리온과 에리사가 각각 카르타고를 세운 것은 당대에 널리 퍼진 새로운 흐름이 영향을 준 듯하다. 그들이 자란 곳은 지중해에 연한 항구였으므로 다양한 사람들이 드나들었으며, 그들로부터 더 넓은 세상이야기도 자주 접했을 것이다. 신세계에 대한 동경이 부왕이 죽자 '새로운 도시 또는 국가'를 건설하겠다는 의지로 바뀌지 않았을까.

아무튼 오빠에게 왕권을 빼앗기고 남편마저 잃은 에리사 공주의 처지는 생각만으로도 딱하고 안쓰럽다. 따라서 두 남매가 서로 대립하게 된 보다 근본적인 까닭을 파헤칠 필요도 느껴진다.《구약》과 관련하여 살펴보면, 지금의 레바논에 해당하는 두로의 땅에서 에리사 공주가 오빠와 정치적으로 대립한 것을 일종의 종교적 견해 차이에서 빚어진 참극으로 풀이해볼 수는 없는지 의문이 든다. 두로의 땅이 바닷가에 붙어 있는 연안 항구도시국가였던 점과《구약》에서 보이듯이 북쪽의 '시돈'이란 도시국가에서 이교적 종교가 들어 온 점도 참고가 되기 때문이다.

바닷가의 항구는 물질적 교역품을 주고받을 수 있다는 점 때문에 일종의 열린 공간이라 할 수 있다. 그 열린 공간의 최고 지배층이었다면 언제든지 새로운 생각과 의욕을 품을 수 있는 분위기 속에 살았을 것으로 여겨진다. 이를테면 상인들로부터 전해지는 먼 나라 영웅의 이야기며, 아름다운 여인의 연애담 등을 접하는 것은 싱거울 만치 흔한 레퍼토리였을지도 모른다. 그 보다는 새로운 신앙의 불길에 의해 새로운 문화와 관습이 전해질 때면 누구나 호기심을 자극 받았을 터이다.

따라서 피그말리온과 엘리사는 심심찮게 이국풍의 신세계를 동경하였을 것이고, 그러한 새 세상을 이룰 소망에 젖을 수 있지 않았겠는가. 더욱이 그들에게는 똑같이 나뉘어 지니게 된 왕권이 있었다. 따라서 두 남매의 뒤에는 언제나 힘깨나 쓰던 귀족들이 줄을 댔을 터이다. 더불어 시시때때로 다른 땅에서 생성되는 신비한 종교와 뒤섞여 건네지는 새로운 물품을 숱하게 접했다면 그에 관련한 인물들도 새로운 관계를 맺고자 애를 썼을 테고.

새로운 종교적 만남은 새로운 세계관의 수립으로 이어졌을 것이며, 새로운 세계관의 형성에 따라 국가관에도 적지 않은 변화를 가져다주었을 것이다. 어쩌면 그 같은 개방적 분위기 속에서 두로의 땅을 다스리던 도시국가의 왕실에서 왕자와 공주인 두 남매는 자연스럽게 같은듯하면서도, 또 다른 이상과 세계관에 따른 신세계를 막연히 꿈꾸었을 것이다. 바로 그 같은 정서와 가치관의 차이에 따라 두 사람은 서로 다른 야심을 지녔던 것으로도 헤아려진다.

더욱이 피그말리온이 동생의 남편인 시카이오스를 죽이는 것으로 그치지 않고, 그의 재산까지 빼앗은 점은 또 다른 추정을 불러일으킨다. 어쩌면 피그말리온은 시카이오스가 지닌 엄청난 재력이 자신의 권력을 위협하는 바탕이 될 수도 있음에 긴장했던 것은 아니었을까. 그런데 피그말리온의 피로 얼룩진 숙청에 일부의 귀족 세력들이 에리사 공주를 뒤따른 점은 어떻게 풀이해야 할까. 당시의 귀족들이 어떤 인물인지는 알 수 없지만, 적어도 귀족이란 신분조차 벗어던지고 새로운 정치적 변화에 몸을 던진 점으로 보아, 피그말리온이 펴고자 했던 야심과 정책에 거부감을 지녔던 것은 분명해 보인다. 결국 시카이오스의 몰락을 지켜보면서 일부 귀족들은 미망인의 신세로 전락한 에리사 공주를 추대하여 신세계를 열 새 땅을 찾아 나선 것이다.

오빠의 손에 남편과 왕권 그리고 재산마저 잃은 에리사 공주! 그런데, 그녀가 이후에 어떻게 움직였는지는 정확하지가 않다. 서두에서 밝힌 바대로 기원전 814년 튀니스 만에 카르타고를 세운 것은 알려지고 있지만 그보다 먼저 사이프러스에 갔을 가능성이 높다. 사이프러스는 레바논에서 터키로 향하는 지중해 상에 있는 섬으로, 북으로는 터키의 아나톨리아 반도와 가까이 하고 있고, 동으로는 시리아 땅을 바라보고 있다. 알려지기로는 이 섬에서 에리사는 동생인 안나, 그리고 자신을 추종하는 귀족층과 함께 정치적인 기반을 다졌다.

에리사 공주가 그 섬에서 부하들과 함께 나올 때, 신전에 몸을 바치기로 되어 있던 80명의 소녀를 골라 함께 했다. 에리사가 자손을 퍼트리기 위해 고민했으리라는 것을 짐작하게 하는 대목이다.

한 가지 흥미로운 것은 그리스신화에 피그말리온이 사이프러스의 왕으로 나온다는 점이다. 피그말리온은 조각 솜씨가 뛰어나 아름다운 여인상을 조각하고 사랑하였다. 그는 이 여인상에 갈라테이아라는 이름을 붙였는데, 미의 여신인 아프로디테가 생명을 불어넣어 주어서 결혼했다고 한다. 두로의 피그말리온 왕자와는 관련성이 없어 보이지만 역사가 전설이 되고, 다시 전설이 신화가 되는 과정을 조금이나마 엿볼 수 있지 않나 생각한다.

북아프리카에 카르타고를 건설하다

사이프러스를 떠난 에리사 일행이 오랜 항해 끝에 도착한 곳은 지중해 서쪽 끝, 오늘날 북아프리카 튀니지 해안이다. 그들이 그곳에 도착했을 때 현지 주민들은 반가워하지 않았다. 그러자 에리사는 주민들에게 황금 술잔을 주면서 땅을 내어줄 것을 간청했다. 그러자 원주민들은 소가죽을 주며

"이것으로 둘러쌀 수 있는 땅만 가져라."

라고 말했다.

그러나 에리사는 그 소가죽을 아주 얇게 펴 이어 붙인 뒤 최대한의 땅을 둥글게 둘러싸 그곳에 정착했다. 에리사 공주는 그 땅에 성채를 지었으며, 무역의 중심지로 키웠다. 그리하여 새로운 도시를 이루니 사람들은 이를 '카르타고'라고 불렀다. 지금도 그 인근에 가면 비르사(Byrsa)라는 언덕이 있는데, 이는 그리스어로 소가죽이라는 뜻이다.

에리사는 온갖 역경을 헤치고 드디어 성공했지만 여전히 홀로 지내고 있었다. 언니와 인생을 함께 한 안나 역시 마찬가지로 혼자였다. 그런데, 에리사에게 한 남자가 나타나면서 이 이야기는 불행으로 결말을 맺는다.

에리사의 슬픈 사랑

어느 날이었다. 아이네이아스(Aeneas)라는 청년이 트로이를 떠나 카르타고에 도착했다. 항해 중 배가 부서지는 바람에 잠시 머문 것이다. 그는 본래 트로이의 왕자로 아프로디테의 아들인데, 트로이 전쟁을 치르기 전에 아프로디테로부터 트로이가 함락될 것이니 다른 곳으로 떠나라는 말을 듣고 나선 길이었다. 에리사는 그를 보는 순간 호감을 느꼈고, 아이네이아스는 역시 에리사에게 매력을 느껴 소중한 보검을 선물로 건넸다. 두 사람은 빠르게 가까워졌으며, 결국 에리사는 사랑에 빠져 들어갔다. 하지만 또 다른 전설에는 아이네이아스에게 애정을 느낀 여성은 에리사가 아닌 동생 안나 공주였다고도 한다. 아마도 둘 다 한 남자를 좋아한 것으로 볼 수 있다.

그러나 아이네이아스는 냉정했다. 부하들이 선박을 말끔하게 정비하자 선박에 올랐다. 그는 새로운 세상을 찾아 나서는 것이었으며, 결론적으로 말하자면 이탈리아의 라티움에 상륙하였다. 그곳의 왕 라티누스의 딸 라비니아와 결혼하여 새로운 도시 라비니움을 건설하였고 이후 로마제국의 건국 시조로 추앙받는다.

문제는 남겨진 에리사의 마음이다. 점점 멀어져가는 아이네이아스를 바라보는 에리사는 슬픔이 엄습해왔다. 그녀는 도저히 참을 수 없었는지 측근들에게 말했다.

"장작더미를 쌓아라."

절망감에 빠진 그녀가 아이네이아스가 남기고 간 것들을 모두 불에 태울 생각이었다. 그러나 이것이 잘못이었다. 높이 쌓아올린 장작더미에 올라가니 멀리 아이네이아스가 타고 가는 함대가 보이는 것이 아닌가. 슬픔을 이기지 못한 에리사는 아이네이아스가 준 보검으로 자신을 찌른 뒤 불길 속으로 뛰어들었다. 이 불행한 결말은 고대 로마의 시인 베르길라우스가 지은 「아이네이아스」에 전해진다.

역사와 전설, 신화가 뒤엉킨 에리사의 삶

에리사의 죽음에는 다른 전설도 전해진다. 에리사가 카르타고를 건설하자 그 곳을 지배하던 이아르바스 족장은 에리사의 지혜와 미모에 반하게 된다. 점점 그녀에게 끌리자 급기야 청혼을 하게 되었다. 에리사는 자신이 족장과 결혼을 하면 내륙으로 들어가서 살아야 할 것이고 그러다 보면 자신이 이룩한 신도시는 쇠퇴할 것이 걱정되었다. 그렇다고 청혼을 받아들이지 않는다면 족장으로부터 공격을 당할 처지였다. 결국 그녀는 이러지도 저러지도 못하고 불속으로 뛰어들어 자살하였다는 것이다. 또한 그 덕분에 카르타고는 그 후 600년 넘게 번성할 수 있었다고 한다.

한편, 동생인 안나 이야기도 그리스신화에 전해지는데, 그리스신화에 등장하는 이름은 안나 페렌나(Anna Perenna)이다. 페렌나는 영원하다는 뜻이다. 그녀는 언니가 죽자 카르타고를 무작정 떠난다. 오랜 항해 끝에 폭풍에 밀려 이탈리아 해안에 닿았는데, 그곳에서 로마 왕국을 세운 아이네이아스를 만난다. 그녀는 아이네이아스로부터 융숭한 대접을 받지만 이를 수상하게 여긴 아이네이아스의 아내 라비니아가 질투심으로 그녀를 죽일 계획을 세운다. 꿈에 나타난 언니의 경고를 듣고 겨우 빠져나오지만 테베레 강에 몸을 던져 강의 요정이 된다는 것이 신화 속 이야기다.

역사와 전설, 그리고 신화가 뒤엉켜 더욱 흥미로운 에리사 공주 이야기는 꿈과 사랑, 그리고 인간적인 연민이 모두 들어 있다. 특히 사랑과 이별, 그리고 죽음에 관해서는 시인과 화가 등 많은 예술가들에게 영감을 주었다. 특히 남자에게 주어진 임무로 인해 희생을 당하는 여성상으로 표현되곤 했다.

참고로 에리사라는 이름은 '하나님의 구원'이란 뜻을 지닌다. 「구약」에 나오는 선지자 엘리야와 그의 제자 엘리사도 같은 계통의 이름이며, '신의 숭배자'라는 뜻의 엘리자베스와도 관련이 깊다.

에리사 공주는 21세기의 여성들에게 이렇게 말하고 있다.

"능력 많은 여성들이여. 그대들은 여유로운 현실에 안주하지 말고 돌아가는 주변 정세에도 긴장을 늦추지 말 지어다!"

한편 당시 에리사의 모습을 추정하는 데는 프랑스 작가인 귀스타브 플로베르가 전하는 '공주이며 사제인 살람보'의 다음과 같은 묘사가 참고가 된다.

'그녀의 머리에는 보라색 파우더가 뿌려져 있었고 가나안 처녀들의 풍속에 따라 탑을 연상시키는 머리 모양을 하고 있었다. … 그녀의 관자놀이에 고정시킨 진주 목걸이는 반으로 잘라놓은 석류 속처럼 붉은 입술의 언저리까지 내려 왔다. 가슴에는 뱀장어의 비늘처럼 알록달록하게 번쩍이는 돌로 만든 장신구를 하고 있었다. 다이아몬드로 장식한 그녀의 팔은 소매가 없는 튜닉 밖으로 드러났고 튜닉은 검은 바탕천에 붉은 꽃무늬가 총총히 박혀 있었다.'

(「역사의 비밀을 찾아서」 한스 크리스티안 후프 엮음, 천미수 옮김, 오늘의 책, 2004, 46쪽)

에리사의 메시지

에리사 공주의 이야기를 통해 우리는 다음과 같은 메시지를 챙길 수가 있다.

첫째, 위기를 극복하고 새로운 세상에 도전하라. 에리사공주는 자신의 오빠인 피그말리온 왕자가 저지른 정변에 숙부이자 자신의 남편인 시카이오스가 죽는 급박한 위기상황을 맞는다. 그러나 에리사 공주는 위기에 짓눌려 모든 것을 포기하지 않고, 결연하게 신세계 건설의 길로 자신의 운명을 맡기고자 작정한다. 그러한 에리사 공주의 내면에는 공평한 가치관을 지녔던 부왕의 가르침이 하나의 덕성과 세계관으로 자리 잡혀 있었던 듯싶다.

둘째, 성공을 위한 준비를 철저하게 하라. 에리사 공주는 정치적으로 가장 위험하고 혼란한 과정 속에서도 여동생인 안나 공주와 80명의 소녀 세력을 중심으로 하는 여성 중심의 측근 세력을 구성하는데 성공했다. 이 세력을 바탕으로 에리사는 다시 일어설 수 있었다.

셋째, 어떤 일이든 효율적으로 준비하는 것이 필요하다. 에리사 공주는 키프로스 섬에 잠정적으로 정착하면서, 섬에 자라는 노송을 활용하고, 구리를 캐내어 장차 벌일 예정인 장거리 항해를 대비하는 고효율 경영관리를 펼쳤다.

넷째, 과감하게 도전하라. 에리사 공주는 키프로스 섬을 출발하여 북아프리카의 튀니지 근처에 정박하였다. 비교적 장거리 항해인 점을 생각할 때, 주로 여성들로 구성된 항해선단이 투지로 일관했고, 마침내 별 사고 없이 정착한 점은 에리사 공주를 비롯한 모든 항해선단의 과감한 추진력을 짐작케 한다.

다섯째, 지혜로운 협상술을 발휘하라. 에리사 공주는 장거리 항해를 안전하게 마감하고 마침내 정착했지만, 현지 주민의 거부에 직면했다. 에리사 공주는 소가죽을 짧게 잘라 이어붙인 뒤 그 길이만큼의 땅을 허락받는 기지를 발휘하여 마찰 없이 신세계에 정착하는 지혜를 드러냈다.

여섯째, 합리성을 잃지 마라. 에리사 공주는 카르타고라는 신세계의 건설과 그 경영까지는 성공했지만, 이성적 애정의 문제만은 합리적으로 극복하지 못했다. 오빠의 손에 죽어간 자신의 본래 남편에 대한 그리움이 깊어서였는지 에리사 공주에게 이성적 그리움은 결코 녹록한 문제가 아니었던 듯싶다.

마케도니아의 올림피아스공주

알렉산드로스 대왕을 키운 철녀

역사상 최고의 정복자 중 한 명인 알렉산드로스 대왕의 어머니 올림피아스(Olympias), 그녀는 소국의 공주에서 대제국의 왕후로 늘 권력의 투쟁 속에서 지냈다. 두 번 추방당하고, 알렉산드로스가 죽은 뒤에 그녀의 손자가 왕위에 오르자 다시 섭정이 되어 막강한 권력을 휘둘렀다. 그러나 그녀 역시 권력의 희생양이 되어 처형을 당했다.

그리스 북방에 자리한 마케도니아의 필리포스는 왕 중의 왕이 되려고 했다. 일찍부터 주변 국가들을 하나로 통합하고자 강력한 정벌 정책을 수립한 것이다. 그는 펠라의 시가지를 재정비했고, 트리키아의 새 광산을 손에 넣었다. 그 광산에서 나온 금과 은으로 금화와 은화를 만들었다. 농부를 보병으로, 귀족들을 기마병으로 징집하였고, 지원 의사를 밝힌 용병들에게 그 돈을 나눠 주어 군사력을 크게 키웠다.

그가 트리키아를 공격할 때였다. 술의 신인 바커스에게 제사를 지내던 한 여인을 발견하고는 온 마음을 빼앗겼으니 그 여인은 겨우 14세인 미르탈레다. 그녀는 어린 나이에 어울리지 않게 성숙했으며, 몸가짐이 우아하기 이를 데가 없었다.

특히 뱀을 능수능란하게 다루었는데, 이는 디오니소스를 위한 제의였다. 그러니까 미르탈레는 제사의식을 잘 치르는 그 방면의 전문가로 볼 수 있겠다.

필리포스를 반하게 한 미르탈레

사실 미르탈레는 마케도니아의 서쪽에 있던 이피로스 땅 몰로스족의 공주였다. 불행하게도 부모를 일찍 여의고 오빠 아림바스와 살고 있었다. 필리포스는 미르탈레의 미모에 반해 아림바스를 설득시키고 마침내 아내로 맞이했다. 그때까지만 해도 필리포스는 물론 그 누구도 미르탈레의 숨겨진 광기를 눈치 채지 못했다.

미르탈레 이야기에는 다른 설화도 전해지는데, 독일의 학자 이바르 리스너가 자신의 책 「위대한 창조자들의 역사 서양」에서 소개한 설화를 보면 다음과 같다.

그녀는 이피로스의 왕이었던 네오프톨레모스의 딸이었는데, 부모가 모두 돌아가시자 숙부인 아림바스의 보호를 받고 있었다. 필리포스는 에게 해 북동쪽에 있는 사모트라케 섬에서 벌어진 비밀의식에 참여한 일이 있었다. 섬의 꼭대기에는 카비렌 신의 성소인 동굴이 있는데, 카비렌 신은 아시아-프리지아에서 전래된 신이었다. 이 비밀의식에서 미르탈레는 제의를 하고 있었으며, 필리포스가 그녀를 보고 한눈에 반했다는 것이다.

특히 미르탈레 공주는 꿈속에서 눈에 보이지 않는 신들을 찾아내 그들과 정신적으로 교감하는 능력을 지녔으며, 필리포스는 그러한 미르탈레에 더욱 호감을 갖게 되었다. 그리하여 숙부 아림바스를 설득시켜서 왕비로 삼았다는데, 아림바스가 「플루타크 영웅전」에서는 오빠로 등장하는 점이 다르다.

그의 책에 의하면 이미 필리포스는 엘레이미오티스 왕족의 딸인 필라와 혼인한 상태였다고 한다. 숙부인 아림바스는 필리포스를 보고는 장차 큰 인물이 될 것을 예감했다. 그래서 자신의 조카가 그에게 시집을 가면 장차 자신에게도 큰 이득이 될 것으로 내다봤다. 필리포스와 미르탈레는 BC 358년(혹은 그 이듬해라고도 한다)에 결혼했다.

알렉산드로스 대왕의 어머니

결혼한 뒤 미르탈레는 이름을 바꾸는데, 필리포스가 BC 356년 고대올림픽 경기에서 승리한 것을 기념해서 올림피아스라고 고쳤다고 한다. 올림피아스는 필리포스가 자신만을 사랑하는 줄로만 알았지만 착각이었다. 영웅호색이라던가. 필리포스는 전쟁만큼이나 여자도 좋아해, 예쁜 여자만 보면 얼굴빛이 달라졌다. 결국은 올림피아스가 30대에 이르렀을 때 필리포스는 두 번째 왕비를 얻었다.

올림피아스는 고통스러웠지만 대제국의 왕인 남편이기에 감내해야만 했다.

올림피아스는 왕자와 공주를 각각 낳았다. 왕자의 이름은 알렉산드로스(Alexandros) 또는 알렉산더였고, 공주의 이름은 클레오파트라(Cleopatra)였다. 알렉산드로스는 조력자란 뜻이며, 클레오파트라는 겨레의 영광이란 뜻이다. 두 이름에는 마치 필리포스의 꿈이 담겨 있는 것 같지만, 사실대로 말하자면 당시에는 흔한 이름이었다. 올림피아스의 남동생 이름도 알렉산드로스였으며, 클레오파트라는 추후 필리포스가 올림피아스를 내쫓은 뒤 새로 취한 왕비도 클레오파트라다.

올림피아스 왕비는 특히 아들을 애지중지하여 나라 안에서 유명하다는 스승을 불러 가르쳤다. 당시에 아리스토텔레스도 3년간 알렉산드로스를 가르쳤다고 전해진다. 그러나 알렉산더는 아버지를 닮아 폭력적이었고, 그러한 면은 교육으로도 누그러들지 않았던 모양이다. 한편, 클레오파트라는 젊었을 때의 올림피아스를 닮아 매우 아름답고 매력적인 처녀로 성장하였다.

그런데, 그게 문제였다. 아버지인 필리포스가 딸의 미모에 그만 반하고 만 것이다. 마치 올림피아스를 보고 반한 것처럼. 그것을 눈치 챈 올림피아스와 클레오파트라, 그리고 필로포스 간에 보이지 않는 미묘한 갈등이 왕실에 흐르기 시작했다.

그리고는 결국 딸을 자신의 아내로 맞이하니 기원전 336년 6월이다. 올림피아스의 마음은 찢어졌다. 그러나 그 누구도 필리포스를 막을 수는 없었으며 결국 예정대로 결혼식은 거행되었다.

그때였다. 어디에선가 홀연히 한 처녀가 나타나 왕에게 칼을 휘

두르는 거였다. 아무도 예상하지 못한 일이었다. 왕은 갑작스런 습격에 쓰러져 죽고 말았다. 순간 예식장은 아수라장이 되고 말았다.

필리포스의 죽음에 대한 또 다른 이설

그 일에 대해 사람들은 왕비의 음모가 아닐까 하고 수군댔다. 왕비와 공주가 짜고서 저지른 것으로 생각하는 이들이 있었지만 그 누구도 알 수는 없는 일이었다. 그런데, 「플루타크영웅전」에는 당시에 일어난 필리포스 왕 시해사건의 주모자가 후궁이었던 클레오파트라와 그녀의 백부 아탈루스로 표현되어 있어 혼란스럽다.

클레오파트라를 후궁으로 기록한 것은 올림피아스가 왕비였으므로 이해되지만 어째서 그녀의 백부가 관여되었던 것일까. 짐작컨대 클레오파트라 공주는 백부에게 연정을 느꼈고, 그녀의 백부는 필리포스가 딸마저 자신의 여인으로 삼으려는 것에 강한 불만을 느껴 결국 하수인을 시켜 필리포스 왕을 살해한 것으로도 추정할 수 있을 뿐이다.

이에 대해 이바르 리스너는 전혀 다른 견해를 밝혀 눈길을 끈다. 이에 따르면 필리포스는 아름다운 여인만 보면 사족을 못 쓴다. 그는 처음에 엘레이미오티스 왕족의 딸인 필라와 혼인한 상태에서 두 번째로 올림피아스와 혼인했고, 이후에 일리리아의 공주 안다타와 게트 왕 코텔라스의 딸 메다 공주, 그리고 필리나와 니케시폴리스 등과 혼인해 공식적인 아내만도 여섯 명에 이른다. 그런 상태에서 필리포스는 16세의 클레오파트라를 왕비로 삼고자 올림피아스를 이혼해 내쫓았다는 것이다. 올림피아스는 아들 아이미오티스 왕의 부축을 받으면서 에피루스 땅으로 몸을 옮겼다고 한다. 당시 올림피아스는 병을 얻은 상태였으니 그녀가 느낀 참담함은 짐작하고도 남는다.

그런데, 올림피아스는 복수의 칼날을 갈고, 자신의 남동생(역시 이름은 알렉산드로스)를 부추겨 필리포스 왕을 공격하도록 했다는 것이다. 그러나 남동생은 이미 필리포스의 측근이 되어 있었다. 필리포스가 자신의 딸인 클레오파트라와 그를 혼인시켜주겠노라고 약속했다는 것이다. 그런 까닭에 올림피아스의 계획은 수포로 돌아갔고, 계획대로 올림피아스의 남동생과 클레오파트라가 결혼을 올리게 되었다. 결혼식이 막 벌어지려는 순간, 한 건장한 사내가 난데없이 나타나더니 술에 취한 필리포스를 칼로 찔렀다.

이러한 이바르 리스너의 견해는 전해지는 이야기와는 약간 다르다. 특히 필리포스가 자신의 딸과 결혼하려고 한 것이 아니라 다른 16세의 젊은 처녀 클레오파트라와 결혼을 하려고 했다는 것, 그리고 자신의 결혼식 날 죽은 것이 아니라 처남의 결혼식 날에 죽었다는 점, 그를 시해한 이가 여자가 아니라 남자라는 것이 차이가 난다. 그러나 분명한 점은 올림피아스가 필리포스로부터 버림을 받았다는 사실이며, 그와 비슷한 시기에 자객에게 죽었다는 것이다.

대제국을 꿈꾸는 알렉산드로스

필리포스가 죽자 알렉산드로스가 왕위를 이었는데, 당시 스무 살이었다. 그는 왕위에 오른 뒤 부왕의 암살에 관련된 사람들을 모두 처단했다. 이때 백부와 클레오파트라도 포함되었다. 올림피아스는 아들이 왕에 오르자 아들의 앞길을 위해 후궁들이 낳은 아들들을 모두 죽였다.

왕위를 이어받은 알렉산드로스는 아버지가 이루지 못한 제왕의 꿈을 실현코자 동방원정을 추진했다. 그는 무엇보다 페르시아 제국을 무너뜨리는 것을 가장 큰 목표로 삼았다. 페르시아 제국은 다리우스 1세에 의해 강력해진 국가로 그에게는 가장 위협적인 존재였다. 알렉산드로스는 다양한 전술을 갖추고 페르시아를 공격해 들어가니 다리우스 3세는 왕궁을 버리고 달아나고 말았다. 그런데, 너무 황급히 달아나는 바람에 왕비와 두 공주를 미리 챙기지 못하고 말았다.

　알렉산드로스가 다리우스 왕궁에 입성해 보니 다리우스 왕비와 공주들이 여간 미인이 아니었다.

　기원전 334년 1월, 결국 그는 두 공주를 아내로 맞이하였다. 같은 날 알렉산드로스의 측근들도 페르시아의 미인들과 합동결혼식을 올려 보기 드문 장면을 연출해냈다. 이러한 의식은 알렉산드로스가 고도로 의도한 것으로 볼 수 있다. 그는 그 결혼식을 마케도니아 문화와 오리엔트 문화의 결합을 상징하는 것으로 여겼고, 혈연을 뛰어넘는 융합을 추진했다고 생각했다. 그러나 실제로는 페르시아 도시들을 파괴했으며, 고향이 그리운 병사들을 달래기 위해 결혼식을 이용한 것 뿐이었다.

　특히 알렉산드로스의 동방원정은 헬레니즘이라는 말로 포장되어 있다. 헬레니즘이라는 말은 본질적으로 문화융합 같은 조화된 문화현상이 아니라 일방적인 문화이식을 뜻한다고 보는 게 더욱 적절할 것이다. 그것은 알렉산드로스가 페르시아를 침공할 때 가는 곳마다 약탈했다는 것만 보아도 충분히 이해할 수 있다.

알렉산드로스를 사로잡은 록사네 공주

　　그런데, 독특한 것은 합동결혼식이다. 이미 자신도 다리우스 황제의 딸들과 혼례를 치를 때 합동결혼식을 올렸는데, 어떤 지역을 점령하고 나면 병사들에게 이렇게 말했다.

"사로잡은 여성들 가운데 마음에 드는 여성을 골라 아내로 취하라."

　　오랜 전쟁으로 힘겨워 하는 병사들을 위로한 조치이기도 했으나 침략을 위한 위로임이 분명하다. 한편, 그 자신 역시 한 번 더 혼례를 올렸으니 기원전 327년 박트리아 출신의 록사네 공주를 아내로 맞은 것이다. 그녀는 곱디고운 자태로 페르시아 여인 특유의 아름다움을 지니고 있었다.

　　그러나 미모에 비해 그녀는 알렉산드로스의 사랑을 받지 못했다. 4년이 넘도록 아이를 갖질 못했으며, 그것은 곧 다른 경쟁자들, 즉 아내들에게 뒤쳐진다는 것을 뜻하는 것이다. 특히 알렉산드로스의 이복동생인 아리다이오는 록사네 공주를 유난히 시기하였다.

　　아예 록사네를 죽이고 싶은 마음을 품고 있었다. 그러나 4년이 지나서 록사네가 임신을 하고 사내아이를 낳으니 알렉산드로스 4세다.

　　알렉산드로스가 외부에만 신경 쓴 지 6년, 나라는 심각한 상태에 직면하기 시작했다. 알렉산드로스가 임명한 관리들은 직무태만을 공공연히 저질렀으며, 관직을 남용해 백성들을 힘겹게 만들고 있었다. 게다가 알렉산드로스 대왕이 전쟁터에서 죽었다는 소문도 나돌았다. 그것은 민심을 보여주는 예이다. 어쩌면 사람들은 지나치게 전쟁에 집착하는 알렉산드로스가 죽었으면 하는 바람도 있었기 때문이다.

특히 전쟁터에 나가는 병사들은 심했다. 워낙 자주 전쟁을 치르다 보니 식량 보급이 난제였다. 인더스 강으로 진입할 때에는 매우 힘겨웠다. 우선 큰 배로 가까이까지 간 뒤, 다시 작은 배에 나눠 실었으며, 강가에 이르러서는 수레로 옮겨 날라야 했다. 이 과정에서 큰 배를 분해했다가 다시 조립하곤 했으니 고충은 배나 되었다. 자연 병사들은 왜 전쟁을 해야 하는 지 회의에 빠져 들어가기 시작했다.

그러던 기원전 323년의 6월 어느 날이었다. 연회에 참석한 알렉산드로스는 고열에 얼굴이 달아올랐다. 무더운 인도에서 말라리아에 감염되고 말았던 것이다. 그는 결국 그곳에서 생을 마감하는데, 사실 그의 죽음에는 이설이 많다.

권력투쟁에 휘말린 올림피아스의 최후

알렉산드로스가 죽자 마케도니아 왕실에는 긴장감이 팽배해졌다. 갑작스런 죽음으로 인하여 후계자가 정해지지 않았던 것이다. 신하들은 저마다 정치적 입장을 달리하며 실익을 저울질했다. 후계 구도는 크게 이복동생인 아리다이오스 계열이 세우려는 필리포스 3세와 록사네 공주가 낳은 알렉산드로스 4세로 압축되었다.

당시는 안티파트로스(Antipatros, BC 397경~319) 장군이 마케도니아 내부를 장악하고 있었다. 올림피아스는 안티파트로스와 권력을 다투다가 이피로스로 추방당해 있는 중이었는데, BC 319년 안티파트로스가 죽자 그의 뒤를 이은 폴리페르콘은 올림피아스에게 마케도니아로 돌아와 알렉산드로스 4세의 섭정이 되어 줄 것을 요청했으나 올림피아스는 이 제의를 거절했다.

그런데, 안티파트로스의 아들 카산드로스는 다른 생각을 갖고 있었다. 그는 BC 317년 필리포스 2세의 아들인 정신박약자 필리포스 3세를 마케도니아의 왕으로 세우고 자신이 권력을 누릴 생각을 했던 것이다. 올림피아스는 그것을 막기 위해 폴리페르콘의 제안을 받아들이며 귀국해 알렉산드로스 4세를 섭정하게 되었다. 올림피아스는 손자가 왕위에 오르자 카산드로스의 형제와 그들을 따르는 100여 명의 추종자들뿐만 아니라 필리포스 3세와 그의 아내도 처형했다.

올림피아스는 이때 권력 투쟁의 암투에 휘말렸다고 볼 수 있다. 피는 피를 부른다는 말이 있듯 그녀 역시 BC 316년에 카산드로스의 공격을 받아 항복을 하고 말았다. 그녀는 사형선고를 받았다. 그렇지만 카산드로스의 병사들은 사형을 집행하려 하지 않았다. 결국 그녀는 자기가 처형했던 사람들의 친척들에게 살해당했다.

그렇게 뒤숭숭한 몇 년이 흐른 뒤인 기원전 313년 록사네 공주와 그 아들이 싸늘한 시신이 되어 발견되었다. 이로써 2대에 걸친 마케도니아 왕국의 비극은 종말을 내린다.

역사상 최대 제국을 꿈꾸던 왕들과 그의 아내가 된 공주들, 꿈은 항상 거창하지만 사소한 것에서 무너지기 시작했음을 알 수 있는 일화다.

올림피아스와 록사네 공주의 메시지

두 공주는 우리에게 빛과 그림자를 동시에 전해준다.

첫째, 왕비가 된 신녀, 결말은 비참했다. 올림피아스는 자신의 종족이 살고 있던 에페이로스를 침공한 침략군주 필리포스의 눈에 들어 어린 나이에 일약 왕비가 되었다. 그러나 주변 국가를 침공하여 대제국으로 만들고자 하는 야심만만한 군주의 왕비가 된 것은 그녀의 생애에 일종의 재앙이 되었다. 덕을 갖추지 못한 통치자의 아내란 그 말로가 비참하기 때문이다.

둘째, 목표는 이루었지만 비운을 맞은 여성으로 기억된다. 올림피아스는 필리포스왕의 탐욕에 분노감을 느껴, 자객을 활용하여 필리포스왕을 살해한 것으로 추정된다. 남편과 딸이 결혼하는 불행을 막고자 벌인 사건이었다. 하지만 그녀의 본격적인 불행은 아버지를 닮아 폭력적 근성을 버리지 못한 아들로부터 확대된 측면이 있다. 알렉산더는 아리스토텔레스와 같은 스승 아래에서 공부했지만, 그의 피에는 덕성이 부족했던 듯싶다. 황제에 즉위한 알렉산더는 외국 침략을 즐기려는 듯 동방원정과 함께 군사침략으로 일관했다.

올림피아스는 남편이 없는 상태에서 화려한 궁정의 최고 안주인이었지만, 덕은 없고 폭력성만이 가득한 아들의 대외원정에 그 어떤 타이름이나 질책도 보내지 않았다. 알렉산더는 마침내 화려한 문명을 자랑하던 페르시아제국을 무너뜨리는 야만성을 천하에 떨쳤다. 더불어 각지를 침략할 때마다 발견한 미인들을 거듭된 혼인으로 아내로 삼고자 안달이었다. 결국 적지 않은 여성들이 올림피아스의 며느리가 된 셈이다. 올림피아스는 간계에 뛰어난 여성정치가로 움직였고, 마침내 황제계승 정쟁의 배후 조정자로 나서 급기야는 며느리인 록사네와 그녀가 낳은 아들마저 죽게 했다는 혐의를 쓰고 역사상 비운의 여성으로 기록되어 남아 있다.

셋째, 이들의 삶은 비극인가 희극인가. 전쟁 패전국의 공주로 알렉산더의 아내가 된 록사네공주는 일약 대제국의 황제 부인이 되었다. 마치 14세 때에 침략군주 필리포스왕에게 눈에 들어 그의 왕비가 된 올림피아스와 닮았다. 그러나 록사네공주는 자신보다 몇 배나 간특한 시어머니 올림피아스의 손에 아들과 함께 죽는 신세로 바뀌었다. 그녀가 좀 더 영리했다면 죽음의 음모로부터 벗어날 수도 있지 않았을까 싶다. 하지만 남편의 살해 배후로 알려진 올림피아스를 상대하기란 사실상 역부족이기도 했을 터이다.

올림피아스와 록사네공주를 두고 볼 때, 모두 부덕하고 광포한 전제군주의 아내가 된 점으로부터 그녀들의 삶은 빛나기도 했지만, 그림자를 드리우며 일그러진 양면성을 느낄 수 있다. 올림피아스는 아들을 좀 더 유화적인 통치자로 인도하지 못한 실수가 있고, 록사네공주는 권력이 지닌 불행한 속성을 일찍 깨우치지 못하고 아들과 함께 피살되는 악운을 피하지 못한 미욱함이 느껴진다.

이집트 클레오파트라공주

세계 역사를 뒤흔든 최고의 미인

역사상 최고의 미인으로 클레오파트라(Cleopatra)는 미모만 갖춘 것이
아니었다. 남보다 앞선 지적 호기심으로 가득하여 다방면을 섭렵하였으며,
특히 국가 경영에는 지혜와 모략도 짤 줄 아는 통 큰 지도자였다.
2천년이 지난 오늘날까지도 세인의 입에 오르내리는 공주 중의 공주
클레오파트라의 생애를 조명해 본다.

"클레오파트라의 코가 조금만 낮았더라면, 역사는 달라졌을 것이다."

이는 프랑스 철학자 파스칼(Blaise Pascal, 1623 ~ 1662)의 말이다. 여성의 아름다움을 이야기할 때 가장 먼저 떠올리는 여자가 바로 클레어파트라이다. 그러나 「플루타크영웅전」을 보면 그녀는 생각만큼 미인은 아니었던 것 같다.

'사람들이 말하는 바로는 클레오파트라가 다른 사람과 비교가 안될 만큼 놀라운 것은 아니었고, 보는 사람을 놀라게 하는 것도 아니었다.'

그럼에도 그녀가 역사상 최고의 미인처럼 일컬어진 것은 외모뿐만이 아니라 출중한 정치 능력이나 여장부다운 배포가 있었기 때문으로 풀이된다. 특히 로마의 영웅인 카이사르(Gaius Julius Caesar, BC 100~44)와 안토니우스(Marcus Antonius, BC 82?~ 30)를 사랑하고 그들을 이용하기도 하면서 종국에 가서는 두 영웅에게 비극적인 종말을 맞이하게 한 것에서 그녀에 대한 고정관념이 생겼다. 그녀가 얼마나 아름다웠으면 당대 영웅들이 모두 사랑에 빠지고 비극적인 운명을 맞이하였느냐는 것이다. 그래서 그녀의 아름다움을 독약 같다고도 한다.

다재다능한 천재 공주

클레오파트라는 BC 69년, 당시 이집트의 수도였던 알렉산드리아에서 프톨레마이오스 12세의 딸로 태어났다. 그녀의 이름은 그리스어로 '아버지의 영광'이란 뜻이다. 알렉산드리아는 올림피아스의 아들 알렉산드로스가 헬레니즘의 이상을 실현하고자 이룩한 무역 도시다. 한 때 100만에 이르는 인구를 자랑하며, 이집트의 전통적인 수출품인 밀과 파피루스 그리고 아마포와 유리 따위의 물품을 비롯해, 아프리카에서 건너 온 코끼리와 상아, 타조 깃털. 아라비아와 페르시아에서 온 양탄자와 발트 지역의 호박, 인도의 면화, 중국의 비단 등 온 세계의 숱한 특산품들이 언제나 넘쳐났다.

클레오파트라에게는 여러 명의 자매가 있었는데, 베레니카 공주와 트리패나 공주는 언니들이었고, 아르시노에 공주와 두 명의 남동생이 있었다. 형제자매 중 클레오파트라는 유독 총명하여 그리스어는 물론 라틴어, 히브리어, 아랍어, 이집트어 등에 능통하였다. 그리스의 역사가였던 플루타르코스(Plutarchos)는 그녀의 언어능력을 이렇게 기록했다.

'클레오파트라의 혀는 마치 각기 다른 음을 내는 여러 개의 악기와도 같았다. 클레오파트라는 너무나 쉽고 자연스럽게 여러 나라의 언어를 구사했다.'

그녀는 지적 호기심이 대단해 호메로스의 서사시를 비롯하여 여러 그리스 작가들의 작품을 읽었고, 수학에도 관심을 지녔는데, 특히 대수와 기하학의 분야에 눈을 돌렸다. 또한 천문학과 의학도 배웠을 뿐만이 아니라 예술과 체육 분야까지도 남다른 재능을 드러냈다고 알려져 있다. 게다가 일곱 줄로 된 리라라고 불리는 악기를 연주할 줄 알았고, 노래도 잘 했으며, 말도 잘 탔으니 다재다능한 천재라고 할 수 있다.

아버지인 프톨레마이오스 12세는 왕의 재목은 아니어서 날마다 술자리를 열어 마시고 노는 데에 관심을 보일 뿐, 뭐하나 왕답게 처신하는 게 없었다. 이는 당시 이집트를 식민지처럼 여기던 로마의 정치가들에게 미움을 사게 되었다. 이에 위기를 느낀 프톨레마이오스 12세는 많은 뇌물을 들고 로마를 찾아가 폼페이우스에게 매달렸으며, 당시 전쟁영웅인 카이사르에게도 6천 달란트에 해당하는 금을 주겠노라고 약속했다.

본국으로 돌아온 프톨레마이오스 12세는 그 재원을 마련하기 위해 백성들을 압박하니 백성들은 분노하기 시작했다. 그 결과 알렉산드리아에서 폭동이 일어나자 목숨의 위협을 느낀 프톨레마이오스 12세는 로마로 달아나버렸다.

왕이 되었으나 3년 만에 망명길에 오르다

그가 달아나자 이집트 궁정은 이렇다 할 주인이 없이 혼돈 속으로 빠져들었다. 특히 베레니카 공주와 트리패나 공주가 권력을 다퉈 트리패나가 죽고 베레니카 공주 혼자 섭정으로서 권력을 휘둘렀다. 베레니카는 부왕과 반대편에 섰던 인물들을 불러서 그들과 한패가 되는 길을 선택했다. 부왕이 백성들의 신망을 잃었다고 판단했기 때문이다. 그러나 부왕이 다시 강력한 로마군을 등에 업고 귀국해 왕권을 찾으며 베리니카를 처형했다.

당시 클레오파트라는 14세였다. 부왕은 몇 년간 나라를 이끌었지만 자신이 나라를 계속 이끌어가기 어렵다는 판단이 들자 클레오파트라와 그녀의 동생인 프톨레마이오스 13세를 공동 통치자로 임명했다. 두 사람은 부왕이 죽은 뒤에 부부가 되며 이집트의 새로운 왕으로 공동 취임하기에 이르니 이때 클레오파트라의 나이는 18세였고, 프톨레마이오스 13세는 10세에 불과했다.

공동 왕위에 오른 클레오파트라는 우선 지지 기반을 굳건히 할 필요를 느꼈다. 철학자와 역사가, 의사 등 지식인 그룹의 지지를 이끌어내고자 힘을 썼으며, 엉망이 되어버린 경제를 살리기 위해 금화의 가치를 3분의 1로 끌어내리는 조치를 취했다. 더불어 수출을 활성화시키기 위한 정책을 적극적으로 추진하였다. 그녀의 노력 덕분으로 이집트 경제는 조금씩 살아났고, 백성들은 클레오파트라의 국정 스타일에 믿음을 갖게 되었다.

그녀의 정책이 백성의 신망을 얻기 시작하자 무능한 부왕 밑에서 이익을 챙기던 환관들은 위기감을 느끼게 되었다. 특히 포티누스 등은 어떻게든 클레오파트라의 정치력을 약화시켜야 자신들이 살아갈 것이라고 생각했다. 그는 공동 통치자인 프톨레마이오스 13세를 이용해 두 남매를 이간질시키기로 하고 동조 세력을 모았다. 이를 눈치 채지 못한 클레오파트라는 결국 왕에 오른 지 3년 만인 BC 49년에 시리아로 망명하는 신세가 되고 말았다. 클레오파트라는 홍해 근처에 자리한 유목 부락에 거점을 마련하고, 왕위를 되찾는데 필요한 군사력을 보충하는 일에 주력했다.

영웅 카이사르와의 만남

당시 로마는 폼페이우스와 카이사르가 패권을 다투고 있었다. 둘은 기원전 48년경에 파르살루스 전투에서 승패를 가렸는데, 카이사르가 승리를 거두었고 폼페이우스는 이집트로 도망갔다. 그런데, 이집트의 프톨레마이오스 13세와 측근들은 폼페이우스를 돕기는커녕 그를 붙잡아 목을 베어 카이사르에게 넘겼다. 그것이 오히려 화근이었다. 폼페이우스의 목을 바라보면서 카이사르는 깊은 회한에 빠졌고, 마침내 폼페이우스를 참수한 자를 찾아내어 죽음에 처하였던 것이다.

카이사르는 또한 프톨레마이오스 12세가 죽기 전에 자신에게 부탁한 바대로, 프톨레마이오스 13세와 클레오파트라 7세의 의견을 물어 이집트 국정을 위한 방안을 강구코자 하였다. 이러한 카이사르의 조치는 프톨레마이오스 13세 측근들에게는 불쾌한 일이었지만 공평한 것으로 평가할 수 있겠다. 문제는 클레오파트라가 시리아로 망명했다는 것이다. 이미 권좌에서 쫓아냈으므로 프톨레마이오스 13세 측근들은 클레오파트라를 더 이상 권력의 중심으로 올라오지 못하게 하는 것이 필요했다. 그들은 클레오파트라가 알렉산드리아에 들어오지 못하도록 했으며, 만약 들어오게 되면 살해하라는 명령을 내렸다.

한편 이 소식은 클레오파트라에게도 전해졌다. 그녀는 어떻게든 카이사르를 만나야만 했다. 그래야만이 다시 공동 통치자의 지위를 회복할 수 있었기 때문이다. 그러나 알렉산드리아는 봉쇄되어 있어 고민거리였다. 어느 날이었다.

'그렇지. 위장을 하면 되겠구나!'

그녀는 하인인 아폴로도루스를 불렀다. 그리고는 자신을 비단으로 칭칭 감게 한 뒤 짐짝처럼 꾸몄다.

"나를 로마 카이사르에게 데려 가라."

그녀는 아폴로도루스에게 명령했다.

이윽고 아폴로도루스가 클레오파트라를 위장시킨 짐을 로마로 가져가 카이사르 앞에 내놓았다. 잠시 뒤 짐이 꿈틀거리더니 아름다운 여인이 나타나는 것이 아닌가. 이를 보고 카이사르는 한눈에 반하고 말았으니 드디어 영웅과 미녀가 처음으로 만나는 순간이었다.

이 사건을 두고 호사가들은 클레오파트라가 자신의 아름다움으로 카이사르를 유혹했다고 하지만 클레오파트라의 머릿속에는 더 큰 이유가 있었으니 하루 빨리 카이사를 내 사람으로 만들어서 그의 후광을 업고 이집트의 통치자로 복귀하는 거였다. 물론 두 사람은 금세 사랑에 빠져들었고, 카이사르는 클레오파트라의 부탁을 들어주었다.

"클레오파트라와 프톨레마이오스 13세가 공동으로 통치하도록 해 달라."

카이사르는 프톨레마이오스 12세가 부탁한 것을 떠올렸다. 그리하여 로마군을 이집트에 보내 프톨레마이오스 13세를 장악하고, 클레오파트라와 프톨레마이오스 13세가 공동으로 통치하도록 조치를 취했다. 그는 또한 클레오파트라와 프톨레마이오스 13세를 화합하게 하고자 연회를 준비했다.

그것은 프톨레마이오스 13세 측근에게는 기회였다. 그들은 연회를 할 때 카이사르를 암살하자는 계획을 세웠다. 하지만 이 사실을 카이사르의 전속 이발사가 듣고 카이사르에게 고하니 실패로 돌아갔다. 이 반역행위를 책임진 포티누스는 결국 죽었으며 나머지 잔당들도 모두 달아났던 것이다. 이때 프톨레마이오스 13세도 물에 빠져 죽었다. 공방전이 끝나고 클레오파트라는 이집트 왕정의 관습상 마지막으로 남은 남동생인 프톨레마이오스 14세와 혼인하며 다시 공동 통치자로 복귀했다.

카이사르의 죽음

클레오파트라는 이후 카이사르와 거의 부부처럼 지냈다. 그녀는 무엇보다도 카이사르의 막강한 군사력이 필요했으므로 카이사르 군대를 이집트에 묶어 두어야 했다. 그녀는 그를 바탕으로 이집트를 통치해나가기 시작했다. 그리고 그녀는 카이사르의 아들을 낳으니 케사리온이다. 케사리온은 카이사르의 아들이란 뜻이다.

카이사르는 전쟁영웅이었지만 클레오파트라와 불륜에 가까운 연애를 한 까닭에 당시 로마 거리에는 조롱이 섞인 노래가 퍼지고 있었다.

"그대 로마의 사내, 아내를 버렸구나.
우리는 대머리 호색한을 집으로 데려간다."

당시 로마는 공화정으로 원로원의 힘이 강하던 때이다. 카이사르가 동방 이집트의 여왕에게 넋이 빠졌다는 소식은 원로원들에게는 트집거리였다. 안 그래도 원로원들은 카이사르가 공화정을 위협하다고 여기고 있었다. 마침내 원로원들은 카이사르에게 소환장을 보냈다.

기원전 44년 3월 15일, 카이사르는 원로원 소환장을 들고 로마로 돌아왔다. 그는 자신에게 무슨 일이 생길 지 도무지 몰랐다. 그를 기다리던 원로원들은 모두 칼을 숨기고 있었는데, 그가 원로원에 들어서는 순간 브루투스(Brutus)가 칼로 찌르니 이때 카이사르가 한 말은 유명하다.

"브루투스! 너마저"

자신의 부하에게 배신을 당했던 것이다. 그 후 브루투스는 자살을 했다고 한다.

안토니우스와의 사랑

카이사르가 죽었다는 소식을 들은 클레오파트라는 순간 모든 꿈이 수포로 돌아갈 것 같은 위기감을 느꼈다. 그녀는 오로지 이집트를 부강한 나라로 유지해나가는 것이 목표였다. 그 뒤에는 강력한 카이사르가 있었으나 그가 암살을 당하고 만 것이다.

그러나 클레오파트라는 카이사르가 죽은 뒤에 벌어지는 로마 권력층의 싸움을 이용했다. 카이사르가 죽자 그의 부하인 안토니우스가 권력을 잡았는데, 카이사르의 양자인 옥타비아누스도 호시탐탐 권력을 노리며 양측이 대립하게 되었다.

클레오파트라는 뛰어난 무장인 안토니우스에게 접근했다. 그녀는 안토니우스를 유혹하기 위해 갖은 화장술로 몸을 꾸몄다고 한다. 당시 그녀는 28세로 농염하기 이를 데 없었는데, 안토니우스는 42세의 중년으로 쾌락과 사치를 즐기는 성격이었으니 딱 맞아떨어졌다. 클레오파트라는 온갖 보물로 장식한 배를 타고 아름다운 시녀들을 대동한 채 안토니우스를 만나러 로마로 들어갔다. 당연히 안토니우스는 그녀를 기쁘게 맞이했으며 둘은 '쾌락을 위해 사는 사람들의 모임'을 결성하며 사랑에 빠져 들어갔다.

클레오파트라는 카이사르에게 했던 것처럼 안토니우스를 통해 이집트의 번영을 꿈꿨다. 그녀는 프톨레마이오스 왕조를 연 프톨레마이오스 대왕 시절의 영토를 모두 되찾고자 하였다. 한편 안토니우스가 클레오파트라의 동맹 제의를 선뜻 수용한 데는 그만한 이유가 있었다. 카이사르가 죽은 이후, 그는 치열한 패권 경쟁을 벌이고 있었다. 안토니우스는 무엇보다 이집트인의 뛰어난 조선기술과 항해술을 자신의 해군선단을 증강시키는 데에 활용하고자 하였다. 클레오파트라와 안토니우스는 사랑 이외의 목적도 서로 맞았으며, 그것이 동맹을 강화하는 계기가 되었다.

부강 이집트를 꿈꾼 클레오파트라

클레오파트라는 안토니우스와 연인의 관계를 넘어 부부의 관계로까지 이르러 둘 사이에는 두 남매가 태어나 명실 공히 부부의 모습을 갖추고 있었다. 클레오파트라는 걸핏하면 사치와 환락에만 안주하려는 안토니우스에게 전의를 되살려 전장으로 나가게 했다. 소아시아는 물론 시리아와 유대 지방의 원정에 나가게 하여, 점령한 지역의 일부를 이집트가 통치하도록 하였다. 특히 그녀의 동생인 아르시노에 공주가 통치하는 사이프러스를 안토니우스에게 점령하게 한 뒤 아르시노에를 죽이기도 했다. 한창 때에는 유다 왕국까지 통치권이 미쳐 헤롯왕이 괴로워했다고 전한다.

클레오파트라는 여기에 머물지 않고 안토니우스에게 동방의 최강국인 파르티아를 공격하도록 주문했다. 파르티아는 기원전 200년경에 이란 계통의 종족들이 세운 제국으로, 그 영토가 티그리스와 유프라테스 강줄기에 널리 퍼져 있었는데, 그 땅이 욕심이 났던 모양이다. 하지만 안토니우스는 파르티아와의 전쟁에서 무참하게 지고 말았다.

게다가 안토니우스가 계속 전쟁을 벌이는 동안 로마에서는 옥타비아누스가 아그리파를 기용하여 클레오파트라에게 선전 포고를 했다. 이에 클레오파트라는 자신의 해군 선단과 안토니우스의 해군 선단을 연합하여 악티움에서 옥타비아누스의 해군 군단과 맞섰다. 대규모 연합군이라서 패배를 예상하지 못했지만 의외로 패배하였으며, 클레오파트라는 허겁지겁 달아나야 했다. 안토니우스 역시 비참했지만 퇴각했다.

그 와중에 안토니우스에게 클레오파트라가 죽었다는 소식이 들려왔다. 그것은 헛소문이었으나 안토니우스는 슬픔을 이기지 못하고 자결하고 말았다. 클레오파트라가 달려갔을 땐 안토니우스가 숨을 거두기 직전이었다.

안토니우스의 죽음과 함께 파라오의 대야망을 추구하던 클레오파트라의 계획도 물거품이 되고 있었다. 그녀는 시녀들을 바라보았다. 대세는 이미 옥타비아누스에게 기울어 이제 선택할 길은 죽음뿐이었다. 그녀는 코브라 뱀에게 물리도록 하여 죽음을 맞이했다. 어떤 연구가들은 그녀가 옥타비아누스의 군사에게 죽었다고도 말한다.

클레오파트라는 단순히 미모만 갖춘 여인은 아니었다. 그녀는 재색을 겸비한 불세출의 여걸로 허약한 이집트를 강력한 국가로 키운 인물로 평가된다. 클레오파트라의 치세에 프톨레마이오스 왕조는 사실상 최대의 전성기였다. 특히 로마의 전쟁 영웅들과 연거푸 동맹을 맺어 국가의 번영 회복을 꾀한 점은 국가 경영자로서의 지혜를 엿보게 한다.

그녀가 죽은 뒤 그녀의 이야기는 숱한 사람들에게 오르내렸다. 문학과 미술, 음악 등 다양한 예술 방면의 소재로 활용되었는데, 셰익스피어는 다음과 같이 평했다.

나이도 그녀를 시들게 할 수는 없었다.

비록 의상이 진부할지라도.

다른 여인들은 충족된 욕망에 쉽게 만족하나

그녀의 무한한 변화는 그녀를 가장 만족시켜 줄 수 있는

곳에서도 항상 그녀를 허기지게 만든다.

클레오파트라의 메시지

클레오파트라는 우리에게 다음과 같은 성공 조건을 가르쳐 주고 있다.

첫째, 그릇된 것으로부터도 깨달음을 얻어라. 클레오파트라 7세 공주는 부왕인 프톨레마이오스 12세가 드러낸 무능과 기회주의적 태도에 몸서리를 치듯 환멸을 느꼈고, 그에 따라 자신은 즉위 후에 부왕과는 정반대로 과단성 있는 정치와 수완을 적극적으로 발휘한 것으로 짐작된다. 결국 부왕의 실패를 반면 교사로 수용한 셈이었다.

둘째, 때를 대비하며 준비하라. 클레오파트라 7세 공주는 그리스어를 모국어로 하였으나, 라틴어, 히브리어, 아랍어, 이집트어를 구사했고, 호메로스의 서사시를 비롯한 그리스 작품을 두루 읽었던 지성 소녀였다. 뿐더러 그녀는 대수와 기하학은 물론 천문학과 의학 분야에도 관심을 지닌 지적 호기심

을 가득 지닌 공주였다. 더욱이 일곱 줄의 리라를 연주하며 노래를 즐겨 불렀고, 승마에도 뒤지지 않던 호쾌한 품격을 지니고 있었던 만큼 공주였다. 모두가 훗날의 그녀를 위한 준비였다.

셋째, 위기는 피하지 말고 즐겨라. 클레오파트라는 시리아의 망명객으로 머물지 않고 카이사르와 정치 연합을 성공시키고자 자신을 마치 짐짝처럼 꾸며, 삼엄한 이집트 왕궁 안으로 들어가게 하여 로마의 군사적 실세인 카이사르와 정치 협상을 가능하게 만들었다. 그녀는 실로 위기에 처한 경우 온몸을 걸고라도 목표점으로 나아가라는 다부진 신념을 후세인에게 가르치고 있다.

넷째, 다른 세력을 이용하라. 클레오파트라는 이집트의 군사력 취약의 약점을 가장 효과적으로 극복하는 방안으로 로마의 군사영웅들과 거듭된 정치군사외교의 연합을 추진하는 길을 택했다. 그러한 연합 결과 이집트 가 군사력으로는 도저히 불가능한 소아시아와 시리아 그리고 유대지방의 원정을 유도했고, 이집트 왕실의 통치권을 확장하는 실리를 챙겼다. 결국 이집트의 클레오파트라 7세가 벌인 로마 군사실세와의 거듭된 연합은 강한 세력으로서 또 다른 강한 세력을 제압하는 효과를 불렀으니, 이강제강(以强制强)이라 할 만하다.

부여 사소공주

신라 건국신화의 주인공

부여의 공주로 뜻하지 않은 임신 때문에 남행을 결정한 사소(娑蘇).

그녀는 진한 땅에 도착해 아들을 낳으니 바로 박혁거세다.

신라에 금속문명을 전하고, 길쌈 등 선진기술을 소개한 사소는

이후 선도산에 거주하며 나라를 위한 기원제사에 힘썼다.

신령스런 일을 많이 한 뒤 그녀는 그 산의 지선이 되어 선도성모로

불리게 되었다.

천년 고도 경주의 서쪽에는 한 공주의 전설을 간직한 선도산(仙桃山)이 있다. 해발 380m로 그리 높은 편은 아니지만 신라 오악의 하나로 나라에서 제사를 올려주던 산이다. 이 산에는 신라 건국신화와 관련 있는 사소(娑蘇) 공주가 산신 성모(聖母)가 되어 거주한다. 산 이름을 따서 선도성모로도 불리고, 선도산을 서술산이라고도 하므로 서술성모라고도 한다. 대체 사소 공주는 어디에서 왔으며, 무슨 일을 한 것인가.

박혁거세의 어머니 사소 공주

기원전 70년 사소 공주는 난처한 상황에 빠져 있었다. 부여의 공주로서 백성들로부터 한껏 찬양을 받아야 하거늘 남편도 없이 임신해 부끄럽기 짝이 없었던 것이다. 만일 그 사실이 세상에 알려진다면 자신을 아끼는 부왕에게도 누가 되는 일이었다. 그녀는 결국 떠나기로 마음을 먹었다.

"아버님, 떠나겠습니다."

황제는 슬픔이 밀려왔지만 공주를 보내지 않을 수 없었다. 처녀가, 그것도 공주가 이름도 알 수 없는 남자의 아기를 낳는다면 문무백관은 물론 백성들도 모두 손가락질을 해댈 것이 뻔했기 때문이다.

"부디 몸조심 하려무나."

황제는 떠나는 공주에게 그렇게 말할 수밖에 없었다.

사소는 여러 명의 무리를 이끌고 눈수(嫩水)를 거쳐 동옥저로 간 뒤 남쪽으로 가는 배에 올랐다. 알 수 없는 세계로 떠나는 것이다.

며칠 뒤 배는 진한 땅 나을촌(奈乙村)이라는 곳에 닿았다. 일찍이 고조선이 망하자 많은 사람들이 남쪽으로 이주해왔는데, 그곳에도 여섯 부락을 이루며 살고 있었다. 그 부락 중 한 부락을 이끌고 있는 소벌도리라는 사람이 오더니

"공주님, 제가 모시겠습니다."

라고 말했다. 사소는 소벌도리가 마련해 준 곳에 머물다 사내아이를 낳았다. 소벌도리는 사소에게 자신이 키우겠노라고 했다. 사소는 다소 당황이 되었으나 지역 사정을 잘 아는 촌장에게 아이를 맡기는 것이 그리 나쁘지는 않을 듯했다.

그러던 어느 날이었다. 어디선가 솔개 한 마리가 날아오더니 그녀가 머무는 방문 앞에 앉는 것이었다. 솔개의 다리에는 편지가 묶여져 있었다.

"이 솔개가 머무는 곳에 집을 지어라."

황제가 보낸 편지였다. 사소는 아버지 생각에 눈물이 흘러내렸다. 그녀는 편지대로 솔개를 날려 보내고 어디로 가는지 살펴보았다. 솔개는 그녀가 머무는 집을 한 바퀴 돈 뒤 서쪽으로 날아가 한 산에 머무르는 거였다. 사소는 솔개가 앉은 산으로 향했다. 그녀는 그 곳에 집을 짓고 오랫동안 머물렀다.

10여 년의 세월이 흐른 뒤였다. 사소의 아들은 씩씩하게 컸으며, 지혜와 덕까지 갖추었다. 소벌도리는 물론 6촌의 촌장들은 그런 공

주의 아들을 존경하기까지 했다. 마침내 소벌도리는 6촌 촌장들을 모아놓고 말했다.

"우리도 임금님을 모시고 나라를 세웁시다."

그의 말에 나머지 촌장들도 모두 "옳소!" 하며 찬성했다. 누구를 임금으로 추대할 것인지는 모두가 알고 있었으니 바로 사소 공주의 아들이다. 그리하여 기원전 59년 사소 공주의 아들이 임금이 되니, 이름은 박혁거세다. 국명은 진한(辰韓) 또는 사로(斯盧), 서울은 서라벌이라고 했다.

그로부터 6년이 더 지났다. 사소는 이번에도 태기가 있어 낳으니 딸이었다. 알영정 근처에서 낳았다고 해서 이름을 알영이라 지었는데, 훗날 왕비가 되었다.

신라의 국모 선도성모

지금까지의 내용은 「삼국유사」와 「삼국사기」 등 여기저기 실려 있는 사소 공주의 전설을 묶어서 신라의 건국신화로 재구성해 본 것이다. 우리가 일반적으로 알고 있는 박혁거세 이야기와는 다른데, 주지하다시피 「삼국사기」에 나오는 박혁거세 이야기는 신화이며 믿을 수 없는 내용이다. '고허촌장 소벌공이 양산의 기슭을 바라보니 나정 옆의 숲에서 웬 말이 꿇어앉아 울고 있었다. 다가가자 말은 홀연히 사라지고 큰 알만 하나 남았다. 소벌도리가 알을 깨 보니 그 속에 어린아이가 있었다. 알이 매우 커서 박과 같다 하여 성을 박(朴)이라 하였다.'는 것이 「삼국사기」의 기록이다. 임금은 하늘이 내린다는 게 옛 사람들의 생각이니 박혁거세 역시 인간에게서 태어나지 않았다는 것으로 만들기 위한 기록이다.

한편, 박혁거세의 왕비인 알영의 탄생도 신화적이다. 「삼국사기」에 따르면, BC 53년 1월 용이 알영정에 나타나 계집아이를 낳았는데, 우물 이름을 따라서 알영이라 하였다. 알영은 자랄수록 덕기(德氣)가 있으므로, 혁거세가 그녀를 비로 맞이하여 알영부인이라 하였다고 전한다.

이에 비한다면 앞의 시나리오는 훨씬 더 인간적인 면을 담은 것이다. 그리고 그렇게 구성한 것은 여러 정황들이 있기 때문이다.

'성모는 본래 중국 왕실의 딸로 이름이 사소인데, 진한에 와서 성자를 낳았고, 이 성자가 동쪽나라의 첫 임금이 되었다.'

「삼국유사」에 전해지는 내용에 따르면 사소는 중국에서 왔다. 이는 아마도 김부식이 쓴 「삼국사기」에 영향을 받은 것으로 보인다. 김부식은 고려 예종 11년(1116) 사신으로 송나라에 갔을 때 우신관(佑神館)이란 곳을 참배했다며 「삼국사기」에 선도성모 이야기를 다음과 같이 소개하고 있다.

'왕보(王黼)라는 사람이 그 곳에 모셔진 여선상(女仙像)에 대해 중국 제실(帝室)의 딸이 바다 건너 진한에 이르러 아들을 낳아 해동의 시조가 되었고, 그 후 지상신선이 되어 선도산에 있는데 이게 바로 그 신상이라고 했다.'

이 같은 기록에 대해 후세인들은 다양한 의견을 쏟아냈다. 15세기 서거정은 「필원잡기」에서 '유화 이야기를 오인한 것'이라고 했으며, 최남선도 그 이야기 속의 중국은 현재의 중국이 아니라며 부정하려 했다.

여기에서 한 가지 생각할 것은 김부식의 입장이다. 그가 「삼국사기」를 쓸 당시는 고려 중기, 중국에 대한 모화사상이 커져가던 때로 신라의 건국신화를 중국에 연결시키려고 했던 것은 아닌가 하는 의구심이 든다. 한 가지 아쉬운 점은 우신관 참배 이야기에 대한 김부식의 의견이다. 그가 그런 이야기를 들었다면 정말 놀라운 이야기 아닌가. 신라를 세운 왕과 관련된 이야기니 말이다. 그럼에도 다음과 같이 마무리를 하고 말았다.

'그의 아들이 어느 때 왕 노릇 했는지 모르겠다.'

그 바람에 선도성모는 신라 건국신화에서 슬그머니 빠져나와 서악 선도산을 관장하는 여신으로 머무르게 되었다. 여러 책들을 종합해 사소 공주에 대한 이야기를 재구성해 보는 일은 그래서 사라진 신라의 건국신화를 되살리는 일이 아닌가 한다.

성스러운 어머니 사소 공주

「삼국유사」나 「삼국사기」 이외에도 사소 공주가 등장하는 문헌이 꽤 된다. 비록 위서로 평가되지만 「태백일사」에는 공주의 행적이 비교적 자세히 기록되어 있으며, 함양박씨 문중의 「함양박씨문헌록」에도 파사소(婆娑蘇)라는 이름으로 나온다. 이밖에도 소(蘇) 씨 가문의 「소씨상상계(蘇氏上上系)」와 「동근보서(東槿譜序)」에도 비슷한 내용이 나와 놀라움을 준다. 이렇듯 여러 문헌에 등장한다는 것은 사소 공주가 실존 인물이었음을 충분히 말해준다고 하겠다.

옛 고서에서 한 가지 신빙성이 높은 것은 박혁거세 세력이 북쪽에서 이주해온 집단이라는 것이다. 중국이든 부여든 북방에서 이주해온 이들로서 문화도 앞선 사람들임을 추측할 수 있다. 특히 「동경잡기」에는 박혁거세가 신인에게 황금으로 된 자를 얻었는데, 그것을 죽은 이에게 자를 대면 살아나고, 병든 이에게 대면 소생했다는 내용이 나온다. 이는 곧 박혁거세 세력이 금속을 다루는 강한 집단이었음을 의미한다. 여기에서 신인은 누구인가. 사소 공주는 일찍이 신선지술(神仙之術)을 익혔다고 하는데, 바로 사소 공주가 신인이 아닐까.

사소가 솔개를 날려 보내 앉는 곳을 정착지로 삼아 선도산에 정착했다. 삼국유사에는 '신모가 오랫동안 이 산에 자리를 잡고 나라를 보위하니 신령한 이적이 매우 많았다. 나라가 세워진 이래로 언제나, 3사(三祀 : 나라에서 지내는 제사)의 하나로 여러 가지 산천제사의 윗자리를 차지하였다.'라고 기록하고 있다.

신령한 일이 구체적으로 어떤 일이었는지는 전하지 않으나 그녀가 보통 사람들과는 다른 능력을 지닌 인물이었음을 뜻한다. 아마도 종교적인 수련이나 주술적인 기원 등을 주관했을 것으로 짐작된다. 곧 그녀는 제의를 주관했던 신녀 또는 무녀였을 것이다.

단지 「삼국유사」에 나오는 다음의 이야기는 사소가 선진기술을 갖춘 여성이었음을 잘 보여준다.

'성모는 일찍이 여러 하늘의 선녀에게 비단을 짜게 해서 붉은 빛으로 물들여 조복(朝服)을 만들어 그 남편에게 주었으니, 나라사람들은 이런 까닭에 비로소 신비스러운 영험을 알게 되었다.'

사소가 신라에 길쌈을 전해주었음을 전하고 있는 것이다. 이는 허황옥이나 세오녀의 일화에 나오는 것과 유사한 내용이다.

한편 선도성모를 기록한 일연은 제목을 '선도산 성모가 불교 행사를 좋아했다(仙桃聖母隨喜佛事)'로 달고 있는데, 이는 승려의 입장에서 서술한 흔적으로 보인다. 왜냐하면 여러 기록에서 보듯 선도성모는 불교보다는 오히려 도교에 가깝기 때문이다.

일연은 성도성모가 불사를 좋아했음을 강조하기 위해 일화 하나를 더 소개하고 있다. 신라 진평왕 때의 일이다. 지혜라는 비구니의 꿈에 선도성모가 나타났다. 지혜는 안흥사의 불당을 수리하다가 돈이 모자라 일을 멈추고 있었다. 그녀의 꿈에 나타난 선도성모는 말했다.

"나는 선도산 신모다. 네가 불당을 수리하려는 것이 기뻐 금 열 근을 시주하려고 한다. 내 자리 밑에서 금을 꺼내 써라."

너무도 생생한 꿈에 놀란 지혜는 성모를 모신 사당을 찾아가 성모상을 들어 올리니 과연 그 아래에 황금이 놓여 있었다. 이는 기록하는 사람이 누구인가에 따라 역사도 다르게 기술될 수 있음을 보여주는 예다.

문자가 없던 먼 옛날 뛰어난 인간의 일화는 사람들 사이에 전파되며 전설이 되고 신화가 된다. 뛰어난 기술과 문화를 신라에 전했던 박혁거세 세력의 지도자인 사소 역시 신화로 남아 서악을 지키는 산신이 된 것이다. 지금 선도산에는 사소를 모시는 성모사가 있으며, 조선 순조 32년(1832)에 세운 성모사유허비가 서 있다.

사소의 메시지

첫째, 뜨거운 열정을 가져라. 세상을 살면서 지극히 실용주의적 태도를 드러내게 되지만, 더불어 뜨거운 정열과 낭만적 모험심도 지닐 필요가 있다. 왜냐고? 신세계를 찾아 뜻밖의 금은보화를 얻는 엉뚱함이 가끔은 있지 않는가. 물론 요행수를 바래서는 안 된다. 하지만 세상사가 어찌 자로 잰 듯이만 움직이고 돌아간단 말인가. 사소공주는 적지 않게 엉뚱하고 낭만적이며 대담하기까지 한 말괄량이 공주였는지도 모른다. 그러나 그러한 그녀와 같은 당돌한 낭만적 태도가 새로운 세상을 찾아나서는 소중한 동력이 될 수 있음을 결코 잊어서는 안 된다.

둘째, 당당하게 행동하라. 사소공주는 남편이 누구인지도 모를 아이를 가지고 남행을 추진했다. 언뜻 무모한 그녀의 모험은 결코 바람직하지 않은 것이었지만, 그녀의 가슴에는 뜨거운 자유연애의 혼이 불타고 있었던 듯싶다. 그러나 그녀는 방만하고 문란하지 않았고, 일찍이 신선술로 심신을 단련한 낭만적 모험가이자 신천지를 새로이 펼치려고 작정한 창의적 신세계 기획자였다.

셋째, 멘토를 따라하라. 사소공주가 무모하리만치 먼 거리에 걸친 여행을 하면서도 끝내 새로운 땅에 원만하게 정착한 데에는 부왕인 아버지가 솔개를 통해 서신을 전달하는 멘토 역할을 다했기 때문으로 풀이된다. 따라서 사소공주와 그를 따르던 일행의 무난한 신세계 건설은 부왕의 따뜻한 배려와 지속적인 보살핌의 끈이 존재했기 때문으로 분석된다.

넷째, 기본에 충실하라. 사소공주는 신선술과 북방의 신앙체계에 바탕을 둔 독특한 신앙적 기방을 유지하면서, 자신이 낳은 두 남매를 신라 최초의 국왕 부부로 만들어 새로운 정치체의 중심에 서게 하였다. 그것은 멘토로 그 역할을 다한 사소공주의 아버지가 보여준 자애로움을 고스란히 승계한 사소공주의 따뜻한 모성애가 낳은 자연스러운 결과로 풀이된다. 이는 기본에 먼저 충실히 하라는 의미이기도 하다.

사소공주는 결국 신선술과 북방 신앙의식을 뒤섞어 서라벌 사회를 지켜낸 지선(地仙)의 이미지로 남았고, 한국고대역사의 신화적 존재로 자리를 잡아 영원히 그 신이함을 빛내고 있다

인도 아유타 허황옥공주

남녀평등 실천한 가락국 왕비

인도 아유타국의 후예로서 가락국의 왕비가 되었던 허황옥(許黃玉)은
지혜와 미모를 갖춘 여인이다. 또한 공주로서 당당한 자부심도 지녔다.
그런 까닭에 가락국 성립 초기에 김수로왕이 국가의 기틀을 잡는 데에
큰 역할을 해냈다. 또한 10명의 왕자와 2명의 공주를 낳아 가락국 왕실을
든든하게 만들었다. 여성으로서 김해 허 씨의 시조가 된 점도
남녀평등을 실현한 모습으로 평가된다.

허황옥은 아유타국 공주로 가락국의 김수로왕과 결혼한 여성이다. 아유타국이 어디인지에 대해서는 여러 설이 있지만 인도의 아요디아 지방에 자리 잡고 있었을 것으로 생각된다.

이것이 우리가 일반적으로 알고 있는 허황옥 대한 간략한 이야기인데, 실제 허황옥의 능에 서 있는 묘비를 보면 '보주태후 허씨능(普州太后許氏陵)'이라고 씌어 있다. 보주란 중국 사천성에 있는 지명이다. 도대체 인도 아유타국에서 왔다는 허황옥을 보주태후라고 부른 이유는 뭘까?

이에 대해 최근 학자인 김병모가 조사한 바로는 허황옥이 아유타국에서 직접 온 것이 아니라 그의 선조가 아유타국에서 중국 보주로 피난을 왔고, 추후 사정이 생겨 다시 가락국으로 들어왔다고 한다.

그 연구가는 중국 보주에서 허황옥 가문의 내력을 기록한 '신정(神井)의 기록'을 발굴해내는 성과를 거두었는데, 그 기록에는 허황옥을 이와 같이 표현하고 있다고 한다.

'동한 초에 허씨 딸인 황옥이 있었는데, 자태와 용모가 빼어났고 고왔으며 지혜와 용기가 뛰어났다.'

허황옥 가문의 내력을 담은 '신정의 기록'

신정의 기록에 의하면 허황옥 가문은 적지 않게 고생을 했다. 아유타국에서 풍요롭게 살던 그들은 북쪽의 월지족의 침입을 받아 피난을 갔는데, 중국 서남부의 고원을 넘어 촉나라의 보주 땅에 정착했다. 그들은 비록 피난을 다니는 형편이었지만 자신들이 아유타국의 왕족이라는 자부심은 대단했다.

그런데, 아유타국은 과연 어떤 나라였을까? 646년 당나라의 현장(玄奘)이 저술한 「대당서역기」에는 '농업이 성대하고 꽃이나 과일이 풍성하다. 기후는 온화하고 풍속은 선량하다. 복된 일을 행하는 것을 즐기며 배우는 것과 예술에 힘쓰고 있다.'라며 풍요로운 왕국으로 소개하고 있다. 흥미로운 점은 허황옥이 아유타국의 후예라는 것은 김수로왕릉의 문에 새겨진 쌍어문(雙魚紋)에서 알 수 있다는 것이다. 물고기가 쌍으로 그려진 문양은 아유타국의 고유문양이라고 한다.

허황옥 가문 사람들은 보주에 터를 잡고 살았는데, 한나라가 식민지로 지배하면서부터는 막대한 세금을 거둬들였다. 서기 47년에 허성이라는 사람이 반란을 꾀하였지만 한나라 군대에 진압되었다. 그런 탓에 허황옥 가문 사람들은 또 다시 방랑길에 올라야 했다.

그 이듬해에 그들은 새로운 신천지를 찾아 출발하니 허황옥의 나이는 16세다. 출발하기 전에 허황옥의 부모는 이상한 꿈을 꾸었다. 꿈에 상제가 나타나 말했다.

"가락국의 임금인 수로는 하늘이 내린 임금이니, 신성한 사람이다. 그는 아직 배필을 맞이하지 못했으니 공주를 가락국으로 보내라."

이 이야기를 들은 허황옥은 김수로왕에게 시집가는 것이 숙명처럼 느껴졌다. 그녀는 오빠 장유화상과 함께 선단을 꾸렸다. 그리고 서기 48년 5월 마침내 출항을 하였다. 한참 바다로 왔다 싶었는데, 광풍이 불어와 더 이상 갈 수가 없었다. 허황옥의 아버지는 파사(婆娑) 석탑을 허황옥에게 주며 말했다.

"수신(水神)이 진노한 것이다. 이 탑을 실어라."

파사라는 말은 지혜의 광설(廣說), 또는 승설(勝說)이라는 뜻으로, 파사석탑이란 결국 부처님의 드넓은 지혜의 말씀을 간직한 석탑이다. 그런데, 이 석탑은 배의 중심을 잡아주는 구실을 하였을 것으로 생각된다. 현재 이 석탑이 김수로왕릉에 전해지며 경남문화재자료 제227호로 지정되어 있다.

허황옥 일행이 파사 석탑을 싣고 다시 출발하였는데, 기록에 의하면 바로 가락국으로 향한 것은 아니다. 「삼국유사」〈가락국기〉편에 보면 김수로왕을 알현한 허황옥이 이렇게 말한다.

"저는 먼 바다로 가서 찐 대추를 찾았고, 반도(蟠桃) 복숭아도 가져왔으며, 얼굴도 꾸며서 가락국 임금님의 얼굴을 이제 가까이 합니다."

이는 허황옥 일행이 혼수품을 마련했다는 이야기로 추정된다. 찐 대추와 반도 복숭아는 김수로왕의 부모에게 바치는 장수를 위한 건강식품이었을 것이다. 이와 함께 금수능라의 비단과 의상필단, 그리고 금은의 구슬, 옥제품, 장신구 등 많은 보물을 배에 싣고 왔는데, 기록에는 '이루 다 적을 수조차 없을 정도'라고 표현하고 있다. 그 물건들은 한나라에서 구입한 것들로 허황옥 일행이 혼수품으로 준비했던 것들이다. 그런 까닭에 그들은 처음 항해를 시작한 지 3개월 만에야 가락국에 도착하였다.

김수로왕과의 만남

허황옥 일행이 도착한 곳은 도두촌(渡頭村)이다. 그들이 도착하자 건너편 망산도(望山島) 꼭대기에서 봉화가 피어올랐다. 붉은 깃발을 건 배를 탄 허황옥 일행이 도착했다는 소식은 금세 궁궐로 전해졌다. 김수로왕은 구간(九干) 등에게 명령했다.

"계수나무 노가 달린 배를 저어가서 얼른 모셔 오너라."

구간이 왕의 명령대로 하였지만 허황옥은 정색을 하며 말했다.

"나는 아유타국의 공주다. 내가 본래 너희들을 모르는데, 어찌 경솔하게 너희를 따를 손가?"

허황옥의 그같은 말은 김수로왕이 직접 마중을 하라는 뜻이었다. 이를 알아차린 김수로왕이 대궐 앞 산기슭에 장막을 쳐 놓고 허황옥을 기다렸다. 그때서야 허황옥은 배를 별포(別浦) 나루에 댔다. 배에서 내린 허황옥은 비단 바지를 벗어서 산신령에게 폐백을 드리고 임시 궁전인 장막 안으로 들어갔다. 그리고는 함께 온 신하들을 김수로왕에게 소개했다. 이에 김수로왕이 말했다.

"나는 공주가 올 것을 알고 있었다. 그래서 신하들이 늘 어서 왕비를 맞으라는 말을 듣지 않고 있었다. 공주가 이렇게 와 주었으니 다행이다."

이러한 대화는 김수로왕과 허황옥이 연합을 한다는 의미이다.

본래 김수로왕은 토착 세력으로부터 왕권을 위협당하고 있었는데, 「삼국유사」에 기록되어 있는 독룡과 나찰녀 설화를 보면, 옥지(玉池)에 사는 독룡과 다섯의 나찰녀가 서로 통하며 백성들의 농사를 망친다는 내용이 나온다. 그들이 통할 때에는 번개가 치고 비가 내려 4년 동안은 곡식이 영글지 못한다는 것이다. 주술로 막고자 했으나 하지 못하고 머리를 조아려 부처님에게 청하여 설법을 한 연후에야 나찰녀가 오계를 받아 이후로는 폐해가 없게 되었다고 한다.

이러한 설화는 김수로왕이 토착 세력을 다스리기 위해 주술력과 불법을 동원하는 등 꽤나 힘겨웠음을 보여준다. 그것이 또한 김수로왕이 구간 등 신하들의 딸을 왕비로 삼으라는 주위의 권고를 받아들이지 않은 이유이기도 하다. 그는 가락국을 통치하기 위해 보다 더 우수한 기술을 갖춘 집단, 불법을 지닌 집단을 기다렸던 것이다.

「삼국유사」는 또 탈해라는 인물이 왕위를 넘보았다는 내용도 나온다. 김수로왕 즉위 3년째에 1,500보 둘레의 성곽과 궁궐 그리고 관청과 무기 창고 등 공공건물을 대대적으로 축조하고 난 뒤였다. 완하국의 임금인 함달왕의 왕자 탈해가 나타나 김수로왕과 술법을 겨루게 되었다. 탈해가 매로 변하여 위협하자 김수로왕은 독수리가 되어 맞섰고, 탈해가 참새로 바뀌자 김수로왕은 새매로 바뀌어 맞섰다는 내용이다.

탈해를 겨우 물리쳤는데, 탈해는 항복을 한 뒤 중국으로 가는 항로로 급히 달아났다. 이에 김수로왕은 수군 500척으로 뒤쫓게 하였지만 탈해를 잡지 못했다고 한다. 탈해 일행의 항해술이 워낙 뛰어났기 때문이다. 이 이야기는 김수로왕이 항해술과 항해지식을 갖춘 집단을 필요로 한다는 것을 말해준다. 허황옥은 김수로왕이 기대하는 것들을 다 갖추었으니 서로 연합을 하게 된 것이다.

김수로왕의 개혁

허황옥과 김수로왕이 결혼을 한 것은 허황옥의 나이 16세 때이니 김수로왕은 겨우 7세에 불과하다. 그러나 그녀는 김수로왕을 잘 내조했으며, 그 둘 사이에는 10남 2녀의 자녀가 태어났다.

허황옥을 왕비로 맞아들인 김수로왕은 이후 변화를 시도하는데, 「삼국유사」〈가락국기〉 편에는 '혁고정신(革古鼎新)'이라고 표현하고 있다. 이는 옛 것을 갈아내고, 새 것을 드리운다는 뜻이다. 그 예로 김수로왕은 구간 등 신하들을 불러 모아놓고 말했다.

"구간들은 여러 벼슬아치의 우두머리인데, 이름이 모두 소인이나 농부의 호칭이지 결코 고관직위의 호칭이라 할 수 없다."

이는 관직명을 고치겠다는 말로 실제로 몇 개 관직명을 변경했다. 허황옥 일행이라는 막강한 정치력을 갖춘 상태이므로 자신 있게 정치를 해나갔음을 알 수가 있다. 특히 허황옥의 등장 이후 김수로왕은 가까운 신라는 물론 중국의 주나라와 한나라의 제도를 참고했다. 곧 김수로왕은 세 나라의 장점을 받아들여 융합을 시키고자 한 것이다.

허황옥이 낳은 10남 2녀 중 장자인 누구는 김수로왕의 뒤를 이으니 바로 거등왕이다. 거등왕은 서기 162년경에 부왕의 전위를 받았다. 그리고 일곱 명의 아들은 허황옥의 오빠 장유화상에게 보내 배우도록 했다. 그런데, 「김해김씨선원세계」에 따르면, 일곱 왕자는 세상이 싫어 보옥선사를 따라 칠불암에 들어가서 신선이 되었다고 한다. 하동에 소재하는 칠불사는 바로 가락국의 일곱 왕자가 지었다는 절이다.

그들은 불법을 익히고자 들어간 곳에서 왜 신선이 되었을까. 이는 당시 신선사상과 불교가 함께 믿어졌음으로 말한다. 실제로 김수로왕의 아버지 이비가지(夷毗訶之)는 천신, 어머니 정견모주(正見母主)는 가야산신이다. 일곱 왕자를 가르친 보옥선사는 장유화상을 말하는데, 장유화상 역시 불법을 익혔으나 내면적으로는 선가적인 풍모를 풍긴다. 그런 배경이므로 일곱 왕자들도 선불 융합적인 태도를 보인다고 할 수 있다.

방장산에 천수를 누리다

서기 162년경 장자에게 왕위를 물려준 김수로왕과 허황옥은 방장산(현재의 지리산)에 들어가 별궁을 짓고 편안한 삶을 누렸다. 이 방장산 역시 신선들이 산다는 산으로 봉래산, 영주산과 더불어 삼산의 하나이니 왕과 왕비도 선불 융합의 정신을 갖추고 있었음을 알수 있다.

거등왕의 아들인 선견(仙見) 왕자도 비슷하다. 그는 어느 날부터 가락국을 벗어나 바다 건너 새로운 땅을 꿈꾸기 시작했다. 김수로왕을 모신 숭선전에서 나온 「김씨왕세계」에는 선견이 신녀(神女)와 함께 구름을 타고 갔다고 한다. 선견이 떠나자 거등왕은 강에 있는 돌섬의 바위 위에 올라가 선견을 부르는 그림을 새겼고, 그래서 그곳을 초선대(招仙臺)라고 한다고 기록되어 있다.

그런데, 이 신녀를 두고 「삼국지」〈왜인전〉에 보이는 왜국 땅 최초의 여왕인 히미코로 보는 견해도 있다. '천어중주(天御中主)라고 한 초대왕 비미호(卑彌呼 ; 히미코)는 가락의 왕녀였다'는 것이 그

근거이다. 선견왕자와 동행한 신녀가 바로 비미호였을까?

한편, 공주 두 명은 영안공주(永安公主)와 석태자(昔太子)에게 결혼한 공주다. 1919년에 발행된 「배씨세덕록」에는 영안공주의 본명은 옥환(鈺環)으로 배열문(裵烈文)에게 혼인하였다고 기록되어 있다. 「김해김씨선원세계」에도 김수로왕이 배씨 일가와 혼맥을 이루었다는 내용이 나오는 것으로 보아 사실임이 분명하다.

허황옥은 189년의 음력 3월 1일에 세상을 떠나니 당시 나이는 157세였다. 믿어지지는 않으나 천수를 다하고 죽었음을 짐작케 한다. 허황옥은 김해 허씨의 시조로 모셔지는데, 왕자 중 두 명에게는 자신의 성을 물려주었다. 가락국이 망한 뒤 허씨들은 곳곳으로 흩어지니 김해 허씨 이외에도 하양 허씨, 태인 허씨, 양천 허씨 등으로 분화되었으며, 태인 허씨에서 인천 이씨가 갈라져 나왔다.

허황옥은 아유타 왕국의 후예로서 당당했으며, 지혜와 미모도 갖춘 당대 최고의 여성이었다. 그녀는 앞선 문물을 가락국에 들여왔으며, 특히 여성으로서 한 가문의 시조가 된 것은 남녀평등을 실현한 것으로 평가할 수 있겠다.

해운대의 황옥공주 전설

참고로 허황옥과 관련된 흥미로운 전설이 부산이 전해지는데, 해운대 동백섬에 있는 인어상인 황옥공주다. 해운대에는 아주 오랜 옛날 무궁이라는 나라가 있었다. 그러나 임금이 없었다. 어느 날 하늘에서 내려온 금속상자에 황금 알이 들어 있었으며, 이 알을 깨고 나온 어린이가 10여 일만에 성인이 되어 임금이 되었다. 하늘의 은혜로 임금이 되었다고 해서 은혜왕이라고 불렸다.

은혜왕은 나라를 잘 다스려서 점차 발전했다. 그러나 임금에게 왕비가 없으니 신하들이 왕비를 맞을 것을 간청하곤 했다. 임금은 무슨 생각인지 신하들의 간청을 듣지 않았다. 그 역시 하늘이 보내 줄 왕비만을 기다리는 거였다.

바다 건너에는 미란다라는 나라가 있었다. 미란다 나라는 바다 속에 있는 수정국을 부모처럼 모시고 있었으며, 아이를 낳으면 수정 국에 가서 이름을 지어오곤 했다. 미란다국의 왕비가 딸을 낳으니 거북이를 시켜 이름을 지어오게 하였다. 수정국의 대왕대비는 공주 의 이름을 황옥이라고 지었다.

황옥공주는 아름답게 성장했다. 마침내 나이가 차자 부모가 꿈 을 꾸니 무궁나라 임금께 시집을 보내라는 거였다. 이에 황옥공주를 무궁나라에 보내니 황옥이 도착한 곳이 바로 동백섬이라는 것이다. 황옥은 동백섬에 내려 대왕대비가 알려준 대로 속치마를 벗어서 산 신령께 바쳤다. 그 속치마는 바람에 날려 멀리 날아가고 인어였던 공주는 완전한 사람으로 바뀌었다.

세월이 흐르자 황옥공주는 대왕대비가 사는 수정국이 너무 그리 웠다. 늘 곁에서 머물던 거북이가 이를 안타깝게 여기고 대왕대비가 자신에게 선물로 준 황옥을 건네주며 말했다.

"보름달이 뜨면 비춰 보세요."

황옥공주는 보름달이 뜨는 날 거북이가 시킨 대로 황옥을 비춰 보았다. 그랬더니 아름다운 수정국이 황옥 속에 나타났다고 한다.

이 내용에는 허황옥의 이야기가 상당히 많이 접목되어 있다. 허 황옥이 사람들 사이에 회자되면서 미화된 것으로 보인다.

허황옥의 메시지

허황옥은 우리에게 어떻게 하면 성공할 수 있는지 인생 성공학을 강의하고 있는 듯하다.

첫째, 자기자존감을 가져라. 허황옥은 화려했던 아유타국의 후예였으나 현실적으로 다가오는 정치군사적 위기 속에서 과거사의 전통적 자존감을 확인하면서, 자기 명예심을 갖추었다. 그러한 자기자존감의 제고는 평생을 견디어내는 강인한 인내심과 내적 평정심의 기반이 되었을 터이다.

둘째, 좌절보다는 희망을 가져라. 허황옥은 언제나 다부진 투지를 잃지 않았는데, 비극적 현실에 좌절하기보다는 언제나 신세계를 찾아나서는 적극적 세계관과 의지로 자신을 담대하게 추슬렀다. 그리하여 1차 출항의 실패 이후에 다시 2차 출항에 대담하게 나서 장거리 항해 활동에 주도적으로 임했다.

셋째, 파트너십을 지녀라. 허황옥은 보주를 떠날 때부터 자신의 오빠와 최상의 파트너십을 발휘하여 마침내 각종 진귀한 물건들을 가득 싣고서, 가락국에 도착할 수 있었다. 허황옥은 국제적 감각을 갖추고 마침내 가락국에 도착한 이후에는 김수로왕의 왕비로서 합리적 내조를 다하여 가락국이 체제개혁과 세 나라의 장점을 취합한 제도의 정비를 성공적으로 추진할 수 있게 했다.

넷째, 마무리를 잘해라. 허황옥은 자신의 남편인 가락국 김수로왕과 10남 2녀를 두었고, 첫째 왕자에게 정치를 대리시키게 한 뒤, 방장산에 별궁을 짓고 노년기의 아늑하고 산뜻한 웰빙 라이프를 즐겼다. 젊었을 적의 고난을 뒤로하고 노후를 맞아 참된 인생의 휴식을 신선 같은 품격으로 마감할 줄 알던 여성이었다.

백제 보과공주

국경 없는 사랑

백제 동성왕의 딸 보과(寶果)공주는 신라에서 온 모태에게 한 눈에 반하고 말았다. 키는 7척이나 되어 훤칠했고, 마음 씀씀이는 너그러웠다. 금세 사랑에 빠져들었고, 마침내 정을 주고 말았다.

모태가 돌아간 뒤 그리움에 못 견디던 공주는 마침내 그리운 님을 찾아 왕궁을 빠져나왔다. 모태는 법흥왕이 되었으며, 공주는 남모와 모랑 오누이를 낳았다.

신라와 백제의 왕족 로맨스 하면 흔히 선화공주와 서동의 사랑을 떠올린다. 그러나 이외에도 몇 차례 더 있었으니 신라 법흥왕과 보과공주, 백제 동성왕과 이찬 비지의 딸, 성왕녀와 진흥왕의 예가 그것이다. 보과공주는 백제 동성왕의 딸인데, 본래 이 결합은 동성왕이 493년 신라에 사신을 보내 양국 왕실 간 혼인을 하자고 청한 데에서 비롯되었다.

백제와 신라의 첫 연애사건

동성왕이 신라에 혼인을 요청한 것은 혼인을 통해 신라와 동맹을 맺겠다는 생각이다. 백제는 475년에 고구려의 공격을 받아 수도를 한성에서 웅진으로 옮겨왔는데, 동성왕은 고구려와 대치하고 있는 상황에서 신라와 적대관계에 놓이면 안 되겠기에 그 같은 제안을 한 것이다.

그러나 신라는 당장 공주를 백제에 보내기가 부담스러웠다. 그래서 귀족의 딸을 골라 보내니「삼국사기」〈동성왕〉편에 '봄 3월 왕이 신라에 사신을 보내 혼인을 청하니 신라왕이 이찬 비지(比智)의 딸을 보내왔다'는 내용이 그것이다. 이후 이야기는 없어서 그 여인이 누구와 혼인하였는지는 알 수 없다. 단지 동성왕의 후궁이 되었을 것으로 추측할 뿐이다.

그런데, 흥미롭게도 그런 정략결혼이 아니라 연애결혼이 양국 왕실 사이에 발생했으니「필사본 화랑세기」〈3세 풍월주 모랑〉편에 나오는 내용이다.

'법흥대왕이 국공(國公)으로 백제에 들어가 보과공주와 더불어 사통을 하였다.'

국공이란 최고의 작위를 말하는데, 왕자라고 표현하지 않은 것은 아버지 지대로(智大路)가 지증왕(재위 500~514)에 오르기 전의 일이기 때문이다. 그리고 사통하였다는 것은 연애를 했다는 말이다.

여기에서 흥미로운 것은 지대로가 30세에 이르도록 배필을 만나지 못했는데, 그 이유가 키가 워낙 크고, 음경이 한 자 반이나 되어 웬만한 여자와 관계를 가질 수 없었기 때문이란다. 사람을 풀어 백방으로 알아본 뒤 맞이한 신부는 연제부인 박씨다. 그녀 역시 키가 일곱 자 반이나 되었다고 한다. 곧 지증왕과 박씨 사이에 난 사람이 모태다.

「필사본 화랑세기」에는 법흥왕의 이름을 모태(募泰)로 기록하고 있다. 모태는 동성왕의 혼인동맹에 따라 비지의 딸을 수행하고 온 사신인 듯하다. 그런데, 그가 백제 왕실에 들어가는 순간 아름다운 공주가 눈에 확 들어왔다. 바로 보과공주다. 공주 또한 모태를 보고 한눈에 반하고 만다. 그들이 처음 만난 곳은 신라 사신들을 위한 잔치 자리에서였다.

"아, 정말 멋있는 남자야."

공주는 속으로 중얼거렸다. 키는 부모님을 닮아 7척은 되어 보였으며, 단박에 성품이 너그럽다는 느낌을 받을 수 있을 정도로 얼굴에는 온화한 기품이 흐르고 있었다. 서로를 알아본 두 사람은 결국 공식 업무가 끝난 뒤에 따로 만나게 되었다. 활달한 성격의 보과공주는 모태에게

"당신을 사랑하게 되었습니다."라고 고백했으며,

모태는 보과에게 답례로 이렇게 대답했다.

"내가 신라도 돌아가서 부모님과 상의한 뒤 정식으로 청혼하겠소. 조금만 기다리시오."

그들은 마치 서로를 기다려온 사람들인 양 사랑에 빠져 들었다. 그러나 중요한 국가 임무를 수행하기 위해 온 모태였다. 다시 신라로 돌아가야만 했다. 그들은 꼭 다시 만나자며 약속을 한 뒤 이별을 했다. 보과 공주와 신라 사신이 가까워졌다는 말은 동성왕의 귀에까지 들어갔다. 동성왕의 입장에서는 화가 나는 일이 아닐 수 없었다. 양국 왕실 간 혼인을 맺으려고 하였으나 신라에서는 공주를 보내오지도 않았고, 오히려 자신의 딸이 신라의 젊은이와 친밀해졌으니 말이다.

"음. 고민이다. 우리 측은 모두 왕족인데, 저들은 귀족이니 혼인 동맹을 어떻게 해결한담?"

국경을 넘는 사랑

모태가 신라로 돌아간 뒤 보과 공주 역시 벙어리 냉가슴을 앓아야 했다. 모태와의 연정을 부왕께 말할 수도 없고, 그렇다고 모태를 찾아 신라로 도망을 칠 노릇도 못 되었다.

한편 모태는 귀국한 뒤 바쁘게 지냈는데, 500년에는 아버지가 왕위에 오르니 지증왕이다. 모태는 곧 바로 태자에 올랐다. 501년에는 백제에서 변이 일어나니, 동성왕이 신하에게 살해되고 만 것이다. 그에 따라 이복형이 왕위에 올라 무령왕이 되었다.

자신의 결혼을 승낙해 줄 동성왕이 죽자 보과는 절망에 빠져들었다. 그러던 어느 날 그녀는 과감하게 국경을 넘기로 마음먹었다. 상사병으로 죽으나 일이 잘못되어 길에서 죽으나 마찬가지라고 생각했던 것이다.

그녀는 어머니께 편지를 남기고 미리 준비한 사람들과 함께 신라로 향했다. 하지만 경비가 삼엄했다. 결국 보과는 사내 옷으로 갈아입고 얼굴에는 진흙을 묻혀서 심마니들이나 다니는 산길을 이용해 겨우 백제 땅을 빠져나갈 수가 있었다.

보과를 본 모태는 깜짝 놀라며 되물었다.

"행색이 왜 이러오? 무슨 일이 있었소?"

보과가 자초지종을 말하고 자신이 온 뜻을 분명하게 밝혔다.

모태는 그녀를 별궁에 거처하게 하였으며, 지중왕 주재로 어전회의를 열고 고민 끝에 이 사실을 백제에 알리기로 함과 동시에 청혼을 하게 했다. 모태는 너무 기뻐 그녀의 거처를 태자궁 근처로 옮기게 하였다. 또한 나중에는 보과가 조용한 곳을 좋아하므로 궐밖에 아담한 집을 지어 살게 했다.

두 자녀 남모와 모랑

둘은 물론 결혼을 했으며, 오누이를 낳았다. 당시 보과공주가 신라로 들어선 것에 백제왕실에서는 이렇다 할 항의가 없었던 모양이다. 그것은 당시 백제가 처한 위기와도 관련이 있다. 백제의 동성왕은 백가를 중심으로 하는 웅진성 세력의 눈치를 보는 처지였기에 신라에 정치적인 공세를 펼 여지가 없었다.

어떻든 보과공주는 신라 땅에 들어서 모태를 다시 만났고, 모태는 보과공주를 따뜻이 맞았으니 오누이를 낳았으리라. 딸 남모(南毛)는 매우 아름답게 자라 뭇 남성들의 선망의 대상이 되었고, 아들 모랑(毛郎)은 풍월도를 익혀 듬직한 신라 청년이 되었다.

보과는 자녀들에 대한 뒷바라지에 최선을 다했다. 그 결과 남모는 신라 최고의 여성 엘리트인 원화(源花)의 자리까지 올랐고, 모랑은 3세 풍월주(風月主)가 될 후보로 손꼽혔다. 원화란 화랑이 생기기 이전에 어여쁘고 무술을 잘하는 최고의 여인을 칭하는 것이며, 풍월주란 청소년 심신 수련 조직인 풍월도의 지도자를 뜻한다.

남모는 많은 여성들로부터 충성을 받았다. 게다가 2세 풍월주인 미진부(未珍夫)와는 연인 사이였다. 그런데, 그런 남모를 질투하는 사람이 있었으니 또 한 명의 원화인 준정(俊貞)이다. 준정은 삼산공(三山公)의 딸로 남모 못지않은 미인이었으며 다재다능한 여성이었다. 사람들이 모두 남모만은 좋아하는 기분이 들자 마침내 그녀는 남모를 없애기로 마음을 먹었다. 어느 날 그녀는 그 계획을 실행에 옮기기로 하고 남모에게 말했다.

"함께 의논할 일이 있는데, 저녁에 내 집에서 술이나 같이 마시면서 나눕시다."

순진한 남모가 준정의 마음속을 알 리가 없었다. 그날 저녁 준정은 미리 독한 술을 준비해 남모에게 따라주었다. 남모는 준정의 술을 받아 마시고는 쓰러지고 말았다. 준정은 미리 준비한 돌을 남모의 몸에 묶어서 근처 연못에 던졌다.

남모가 보이지 않자 처녀 낭도들은 이리저리 찾아 나섰다. 특히 원화 제도에 특별한 애착을 갖고 있던 왕실에서는 남모를 반드시 찾아내라고 명령을 내렸다. 그런데, 연못가에 남모의 시신이 떠오르는 것이 아닌가. 또한 그것이 준정의 짓으로 밝혀져 준정은 죽음을 면치 못하였다. 아울러 원화 제도 역시 폐지되고 뒤에 남자들의 수련 단체인 화랑도로 바뀌었다.

이 같은 남모의 죽음은 보과에게 누를 수 없는 슬픔이었다. 백제 땅에서부터 그리운 연인을 찾아 온 그녀에게 커다란 삶의 시련으로 다가왔기 때문이다. 지소태후가 명을 내려 죽은 남모공주의 동생인 모랑을 3세 풍월주로 삼았고, 그로 하여금 죽은 남모공주의 혼백을 위로하게 했다. 모랑과 그 어머니인 보과공주의 두 눈에 굵은 눈물이 흘러내리고 있었다.

다행인 것은 이 사건 이후 아들 모랑이 3세 풍월주로 뽑혔으며, 모랑을 통해 남모의 혼백을 위로하도록 했다는 것이다.

법흥왕은 모씨였다?

여기에서 한 가지 흥미로운 점은 법흥왕의 이름이다. 「삼국사기」에는 김원종(金原宗)이라고 적고 있지만, 「필사본 화랑세기」에는 모태(募泰)로 적고 있다. 이러한 기록은 중국의 서적에서도 많이 발견되는데, 「양서(梁書)」에는 '진통(晉通) 2년에 신라에서 모(募)씨 성에 이름이 진(秦)인 국왕이 처음으로 백제를 따라 사신으로 하여금 표를 올리고 토산물을 바쳤다'는 내용이 나오며, 「남사(南史)」〈신라〉 편에도 신라 국왕의 성씨가 모(募), 이름은 태(泰)라고 적고 있다. 「통전(通典)」권185 〈변방신라전〉에는 법흥왕의 성명에 대해 '왕성모명진(王姓募名秦)'이라고 적고 있다.

이러한 기록은 대체 왜 나온 걸까. 신라왕은 박(朴) - 석(昔) - 김(金)으로만 이어졌음은 주지의 사실이나 중간 중간에 이상한 점이 발견된다. 문무왕릉비에는 문무왕이 자신을 김일제(金日磾, BC 134 ~ 86)의 후손이라고 밝혀 조선시대 학자는 물론 현대의 연구가들에게도 소재를 제공했다. 김일제란 본래 흉노족 휴도왕(休屠王)의 태자였으나 부왕이 한 무제에게 패한 뒤 중국으로 끌려왔다. 그 뒤 한 무제로부터 김(金) 씨 성을 하사받았다.

그런데, 위의 모 씨는 그럼 무엇인가. 이에 대해 묘용(慕容) 씨라는 의견이 있다. KBS 장한식 기자는 「신라 법흥왕은 선비족 모용씨의 후예였다」(풀빛출판사)에서 '신라 김씨 왕족과 가야 김씨 왕실이 서기 342년 고구려를 침공한 모용씨 군대 가운데 낙오한 무리의 후예'라는 가설을 펼치고 있다. 묘용 씨는 곧 흉노족의 일파다. 법흥왕도, 문무왕도 자신을 훈족의 후예라고 했다는 것이니 정말 신라 왕실은 흉노족의 피가 흐르는 걸까. 그래서인지 법흥왕과 보과 공주가 낳은 아들을 모랑이라고 기록한 모양이다.

보과공주의 메시지

부왕인 백제 동성왕에게 알리지 않고 홀연히 신라 국공을 뒤따라 신라 궁성에 입궁한 보과공주는 굳은 믿음으로 신라 국공 모태를 희망의 전부로 여긴 듯싶다. 따라서 보과공주는 그 어떤 연고자도 없는 신라 땅에서 자신의 딸인 남모공주를 최고의 명예여성인 원화에 오르게 했고, 아들인 모랑을 3세 풍월주에 오르게 할 수 있었다. 믿음은 희망을 만들어내는 소중한 씨앗임을 우리에게 일깨우고 있다.

북가야 문화공주

신라 최고 무사를 키워낸 공녀

북가야 공주 문화(文華)는 기구한 여인. 공주로 신라 귀족의 첩이

되었으며, 그 귀족의 아들과 정을 통해 아이를 낳았다.

이후 남자와의 정은 모두 끊고 오직 아들을 뒷바라지하니 아들 문노는

신라 최고의 무사가 되었다. 비록 자신의 삶은 자기 스스로 영위하진

못했으나 자식을 통해 새로운 인생에 도전하여 성공한 여인으로

볼 수 있다.

신라 법흥왕 때, 8세 풍월주에 오른 이는 문노(文努, 538 ~ 606)다. 이 문노의 어머니는 문화공주(文華公主)로 북국(北國)에서 왔다고 한다. 북국이란 남북으로 나눠져 있을 때의 가야, 즉 북가야를 말한다. 혹은 야국왕(野國王)의 공녀(貢女)라고 해서 왜가 신라에 조공으로 보낸 공주라고도 한다. 어쨌든 문화공주는 스스로, 즐겁게 신라에 온 것은 아니었던 모양이다.

기구한 가야 공주

왜 출신인가 가야 출신인가는 아직 정확히 드러나진 않았다. 문화공주 이야기는 「필사본 화랑세기」에 등장하는데, 이 필사본이 쓰인 때는 일제강점기 때이다. 따라서 필사한 사람이 정확이 왜(倭)라고 쓰지 못하고 야(野)라고 썼다는 주장이 있다. 필사본은 일본에서 진본을 보고 썼는데, 여러 학자들의 추측은 필사자가 더욱 더 왜라는 말을 쓰기 껄끄러웠을 것이란다. 또 어떤 학자는 일본인들이 「화랑세기」를 공개하기를 꺼려하는 이유를 문노 어머니에 대한 기록이기 때문이라고 주장하기도 한다.

「필사본 화랑세기」에 따르면 문화공주는 기구한 운명을 살았다. 신라 법흥왕은 가야를 남북으로 나누고 북쪽엔 이뇌(異腦)를, 남쪽엔 청명(靑明)을 각각 왕으로 삼았다. 그런데, 북가야에서 쿠데타가 발생했다. 이뇌의 숙부인 찬실(贊失)이 이뇌를 내쫓고 스스로 왕위에 오른 것이다.

진흥왕은 호조(好助)를 보내 찬실을 책망했다. 찬실은 어떻게든 그 난처한 상황을 빠져나와야 했을 것이다. 그래서 공주인 문화를 호조가 데려가도록 하였다. 즉 문화는 공주이면서도 신라 귀족의 부인도 아니라 첩이 되고 만 것이다.

그런데, 신라에 온 뒤 어이없는 일이 벌어졌다. 호조의 집에 들어가 사는 중에 엉뚱하게도 호조의 아들인 비조부(比助夫)와도 정을 통하게 되었던 것이다. 이런 비윤리적인 일을 겪고 난 문화는 약소국에서 끌려온 슬픔에 눈물을 흘려야 했다.

"다시는 남자를 만나지 않으리라."

그녀는 각오를 다졌다. 그녀가 아들을 낳으니 바로 문노로 아버지는 비조부이다. 그에게는 오직 아들을 잘 키우는 것이 꿈이었다. 문노는 그러한 문화공주의 보살핌 속에서 씩씩한 청년이 되어갔다. 특히 문노는 검술을 익히기에 노력을 게을리 하지 않았다. 그 결과 검술에 대한 나름대로의 철학을 지닐 정도가 되었으니 이렇게 말한 것을 봐도 알 수가 있다.

"검은 곧 한 사람을 대적하는 것이다."

언뜻 보면 이해하기 어려우나 칼 쓰기를 마치 한 사람을 상대하듯이 온 힘을 집중하라는 의미로 풀이된다. 그런 그의 말에 동조한 이가 있었으니 사다함(斯多含)이다. 사다함은 문노를 찾아와 말했다.

"한 사람을 대적하지 않으면 어찌 능히 만인을 대적할 수 있겠는가? 제게 검술을 가르쳐주시오."

이후 많은 이들이 찾아오니 문노는 최선을 다해 가르쳤다. 그의 이름은 신라에 널리 퍼지게 되었다.

화랑의 표상이 된 아들 문노

그러던 어느 날이었다. 드디어 그동안 갈고 닦은 무예를 선보일 기회가 왔다. 신라가 전쟁을 벌이게 된 것이다. 문노는 가슴이 두근거렸다. 그동안 가야에서 온 어머니를 모시며 꼭 성공한 아들이 되어야겠다고 생각해왔다. 전공을 많이 올려 신라 최고의 장군이 되는 것이 어머니의 은혜에 보답하는 길이었다. 그러나 문노는 참전을 할 수가 없었다. 전쟁의 상대국은 바로 가야였던 것이다.

"스승님이 전쟁에 나가시지 않다니!"

제자들은 도무지 이해를 할 수가 없어 수군거려댔다. 검술로 본다면 문노를 당할 사람은 아무도 없었다. 당연히 나라를 위해 참전해야 하는 자리이거늘, 사사로운 정에 대의를 저버렸다고 놀리기도 했다. 그러나 사다함만은 달랐다. 그것은 곧 제 칼로 제 부모를 치는 것과 다르지 않았던 것이다.

진흥왕 23년(562) 마침내 이사부(異斯夫)가 이끄는 신라는 가야를 정복하니 수백 년 이어온 가야왕국은 종말을 맞았다. 사다함은 15세 화랑으로 출전하여 큰 공을 세웠는데, 전장에서 낭도들에게 '함부로 죽이지 마라.'고 말했다고 한다. 스승의 의기를 높이 샀기 때문이다.

당시 상황을 삼국사기에는 이렇게 기록했다.

'562년 9월에 가야가 반란을 일으켰으므로 왕이 이사부에 명하여 토벌케 하였는데, 사다함이 부장(副將)이 되었다. 사다함은 5천

명의 기병을 이끌고 앞서 달려가 전단문에 들어가 흰 기(旗)를 세우
니 성 안의 사람들이 두려워 어찌할 바를 몰랐다. 이사부가 군사를
이끌고 거기에 다다르자 일시에 모두 항복하였다.'(「삼국사기」 진흥
왕 23년)

　문노는 비록 가야국 정벌에는 참전하지 않았으나 이후 무술을
더 닦고 다른 전쟁에는 참여해 큰 공을 세웠다. 그가 큰 공을 이루고
도 상을 받지 못하자 부하들이 불평불만을 해댔다. 이에 문노는 그
들을 꾸짖으며 말했다.

　"대저 상벌이란 소인의 일이다. 그대들이 나를 우두머리로 삼았
거늘 어찌 나의 마음으로 그대들의 마음을 삼지 않은가."

　아마 여기에는 그의 부친인 비조부가 정계에 밀려난 까닭도 있
다. 화랑세기에 의하면 진흥왕의 어머니인 지소태후가 정권을 장악
한 뒤, 문노의 아버지인 비조부를 내치고 등용하지 않았다고 한다.
그에 따라 비조부는 바둑이나 두면서 답답한 심경을 달랬단다.
　아무튼 문노는 어머니인 문화공주가 가야계이며, 아버지는 정계
에서 물러난 까닭에 불이익을 당하고 있었는데, 새로운 길을 터 준
이는 6대 풍월주인 세종이다. 세종은 풍월주에 오른 뒤 문노를 찾아
가 말했다.

　"당신을 부하로는 삼을 수 없습니다. 그러니 형으로서 저를 좀
도와주세요."

　그의 말에 풍월주는 세종의 휘하로 들어가니 그를 따르던 많은

이들이 세종 아래로 들어가게 되었다. 이후 문노는 7대 풍월주인 설원랑에게 밀려 별도의 문파를 세웠다. 여기에는 자신의 어머니 문화 공주의 출신이 영향을 미쳤다. 당시 권력자는 미실이었다. 그녀는 문노가 설원랑보다 뛰어난 무예와 인격을 갖추었다는 것을 알고 있었다. 하지만 설원랑은 골품이 있는 귀족이었고, 문노는 그렇지 못하니 미실은 설원랑을 7대 풍월주로 앉힌 것이다. 그렇게 한 것까지는 참을 수 있다고 하지만 그 다음이 문제였다. 미실은 문노로 하여금 설원랑에게 절을 하게 한 것이다.

이로 인해 낭도들이 두 갈래로 나뉘게 되었는데, 설원랑의 문파는 정통이 자기들에게 있다고 하였고, 문노의 파는 높고 깨끗한 의논들이 자신들에게 있다고 주장했다고 한다.

두 문파가 서로 출중하니 세상 사람들은 문노파를 나라를 지키는 신선이란 뜻을 가진 '호국선(護國仙)'이라 불렀으며, 설원랑파를 '속세를 떠나 유람하기를 즐겨한다'하여 구름 위의 사람이라는 의미로 '운상인(雲上人)'이라 부르기도 하였다.

문노는 진흥왕이 급찬이라는 벼슬을 내렸지만 받지 않았다. 검술을 익히고자 최선을 다했으며, 인덕을 쌓으니 진지왕 때에 이르러 마침내 8대 풍월주에 올랐다.

화랑 중의 화랑, 문노

훗날 삼국통일의 위업을 이룬 김유신 장군은 문노에 대해 '화랑 중의 화랑'이라며 '사기(士氣)의 종주'로 내세웠다. 사기의 종주란 기운이 넘쳐흐르고 굽힐 줄 모르는 씩씩한 기세의 우두머리라는 뜻이다.

김유신의 이러한 평은 같은 가야계라서 나라를 잃은 같은 처지에서 나왔음을 짐작케 한다. 하지만 그보다는 문노가 화랑들에게 큰 영향을 주었기에 그렇게 평했으리라. 문노는 가야계 후손으로서가 아니라 신라 화랑의 최고봉으로 숭앙을 받았는데, 왕실 사당이 있었다는 포석사에 그의 영정을 안치하고, 신궁의 선단에서 그에 대한 대제를 행하기도 했다고 한다.

실제로도 그에 대한 이야기는 많이 전해진다. 문노는 용맹하고 문장에 능하였으며, 아랫사람 사랑하기를 자신을 사랑하는 것처럼 대했다. 청탁에 구애되지 않고 자신에게 귀의하는 이들은 모두 받아들였다. 그의 그러한 성품 탓일까, 많은 낭도들의 그의 부하가 되었으며, 죽음으로 충성을 바치기를 원할 정도였다.

이후 문노는 약소국 출신으로 신라에 끌려오다시피 살아온 어머니에게 효를 다하니 문화공주는 여생을 편안히 보냈다.

최근 경남 고성군 송학동 고분군에서 국내에서 처음으로 채색 석실분이 발굴되었는데, 이것이 문화공주의 고분일 가능성이 있다고 해서 화제가 된 바 있다. 동아대학교 박물관에서 발굴한 B호 고분은 채색 고분으로 일본 규슈 지방과 간사이 지방에서도 자주 발굴되는 형식을 띠고 있다. 이미 고분을 도굴된 상태였지만 토기 파편 등 일본계의 흔적이 매우 많이 남아 있는 편이다. 물론 신라적인 요소도 상당히 강해 묘한 느낌을 준다.

발굴한 분들의 견해에 따르면 일본계와 신라계가 동시에 혼합되어 있고, 무덤의 조성시기가 문화공주가 죽은 시기와 흡사해 문화공주의 묘일 가능성이 크다는 것이다. 만약 그렇다면 사학계에 귀중한 연구 자료를 제공한 셈이다.

문화공주의 메시지

인간은 누구나 비참한 환경에 놓일 가능성이 있기 마련이다. 그러나 그런 환경에서도 꿋꿋하게 자신의 길을 걷는 사람이 있는 반면 좌절하고 낙담한 채 사라져가는 이도 있다. 인생을 어떻게 받아들일 것인가. 문화공주는 우리에게 가장 어려운 가운데에서도 최선을 다해 살아가는 것이 바른 삶임을 전해주고 있다.

문화공주는 아들 문노를 '화랑 중의 화랑'으로 불리는 천하의 무사로 키워냈다. 문노가 최고의 화랑으로 존경받는 인물로 우뚝 서기까지 그의 바탕이 되는 성품과 학식은 모두 문화공주의 가르침으로 이뤄진 것들이다.

여성이라면 누구나 훌륭한 어머니가 될 수 있다. 하지만 세상에 큰 일을 이루는 자식을 키운 어머니의 모성은 더욱 위대하다.

고구려 안학공주

신분을 뛰어넘는 사랑

고구려와 백제가 한강 근처를 두고 치열하게 공방전을 펼치던

6세기 초, 고구려 왕실에는 국적과 신분을 뛰어넘는 두 가지 로맨스가

벌어졌다. 왕자 흥안과 백제 여인의 사랑, 그리고 공주 안학과 을밀 장군의

사랑이 서로 얽히고설키며 전개된 것. 사랑을 얻기 위한 그들의

노력과 모험은 참 사랑의 가치를 충분히 깨닫게 한다.

삼국이 한강을 둘러싸고 치열한 공방전을 펼치던 6세기 초의 일이다. 고구려 21대왕인 문자왕(文咨王, ? ~ 519)의 딸 안학(安鶴) 공주는 얼굴이 매우 아름다워 뭇 남자들의 시선을 한 몸에 받았다. 그중 유난히도 공주를 사모하는 이가 있었으니 바로 당대 최고의 무사로 불리던 을밀(乙密) 장군이다. 을밀은 공주를 처음 보는 순간부터 짝사랑에 빠졌다.

안학 역시 을밀을 보고 그 늠름함에 마음을 빼앗겼다. 을밀은 역사서에는 거의 등장하지 않는 이름이지만 이능화의 「조선상고사」를 보면, 무술 이외에도 신선술을 잘했다고 한다. '대왕씨(大往氏)는 그 무리들과 함께 환인을 문조씨(文祖氏)라 하니, 그 글이 문박으로부터 을밀, 영랑, 안류, 보덕성녀의 부류들에게 전하여 졌다'고 기록되어 있는데, 여기에서 글이라는 것은 시서(始書) 「음식연양지도(飮食鍊養之道)」와 종서(終書) 「신도묘덕지훈(神道妙德之訓)」을 말한다. 곧 을밀은 도를 수련한 사람으로 지성인의 풍모를 갖고 있었다. 을밀은 궁을 드나들 수 있는 신분이므로 곧 그들은 가까워졌다.

백제 여인에 반한 흥안왕자

한편, 안학에게는 오빠가 있었으니 훗날 문자왕의 대를 이어 안장왕(安臧王)이 된 왕자 흥안(興安)이다. 어느 날 문자왕은 흥안에게 백제와의 국경을 살피고 돌아오라는 명을 받았다. 당시 백제는 한강 이북까지 국경을 넓히고 있었는데, 흥안은 장사꾼으로 위장하고 개백현(皆伯縣, 지금의 경기도 고양시)에 잠입했다. 그러나 그는 백제 군사에게 쫓기게 되어 너무 급한 나머지 어느 집 담을 넘어 들어가고 말았다. 그런데, 그 집에는 매우 아름다운 여인이 있는 것이 아닌가.

"아, 백제에 저렇게 아름다운 여인이 있다니!"
홍안은 넋이 나간 채 자신도 모르게 그 여인에게 다가갔다.
"누구세요?"

웬 장사꾼이 갑자기 나타나자 여인은 놀라서 물었다. 그러나 한
눈에도 예사 장사꾼은 아니었다. 용모가 준수하고 체격도 건장해
보통 사람으로 보이지 않았던 것이다.
여인의 이름은 장자(長子)인 한씨의 딸 한주(韓珠)라고 했다. 금
세 사랑을 느낀 홍안은 자신이 고구려 왕자임을 밝혔다. 그들은 그
뒤로도 몇 번 더 만났고, 급기야는 서로 마음을 주고받는 사이가 되
었다.

"난 돌아가야 하오. 내 꼭 그대를 찾아오리다."
임무를 마친 홍안은 한주에게 그렇게 말하고는 서둘러 고구려로
떠났다. 얼마 안 있어 문자왕이 죽으니 홍안은 왕위에 올랐다. 바로
22대 왕인 안장왕이다. 왕위에 오른 그는 백제 여인을 만날 수가 없
게 되자 그리움에 속이 타들어갔다. 한주 역시 마찬가지였다. 특히
그 고을 태수가 한주의 미모에 흑심을 품고 자신에게 시집을 오라고
괴롭혔다. 한주가 계속 거절하였더니 태수는 그녀를 옥에 가두었다.
그리움을 참을 수 없었던 안장왕은 어느 날 신하들에게 말했다.

"백제 개백현의 한주 낭자를 데려오는 자에게 '천금과 만호후(萬
戶候)의 상을 내리겠다."

만호후란 만 가구를 다스릴 수 있는 제후를 말한다. 그럼에도 선뜻 나서는 이가 없었다. 당시는 고구려와 백제가 치열하게 다투던 중이라 잘못하면 목숨을 잃을 지도 모르기 때문이다.

그때 을밀은 안학 공주와의 일로 속이 타 병이 났다고 핑계를 대고 집에 있었다. 안학 공주와의 로맨스가 알려지자 안장왕이 두 사람의 사랑을 막았기 때문이다. 「조선상고사」에는 을밀의 신분이 한미해서 반대했다고 한다.

집에 있던 을밀은 안장왕이 조정에서 한 말을 전해 듣고는 왕을 알현했다.

"제가 가겠습니다. 그런데, 청이 하나 있사옵니다."
을밀의 말을 들은 안장왕은 희색을 하며 물었다.

"그래요? 무슨 청이요?"
"저는 상금이나 만호후는 필요 없습니다."
"아니 그럼 무엇을 원하오?"

"안학 공주와 결혼을 시켜 주십시오."

을밀의 말을 듣는 순간 안장왕은 '끄응' 하는 소리를 내고 말았다. 그는 누이가 좀 더 귀한 곳으로 시집을 가기를 원해 을밀과의 결혼을 반대하고 있었다. 망설이고 있는 안장왕을 보고 을밀이 다시 말했다.

"신이 안학 공주를 사랑함은 대왕께서 한주 낭자를 사랑하심과 마찬가지입니다. 대왕께서 만일 신의 소원대로 안학 공주와 혼인케 하신다면 신이 대왕의 소원대로 한주 낭자를 구해오겠습니다.”

그 말을 들은 안장왕은 을밀의 심정이 자신과 같다는 것을 깨달 았다.

“좋소. 꼭 성공하시오.”

안장왕의 허락을 받은 을밀은 별동대를 조직해 백제 개백현으로 잠입했다.

한주를 구한 을밀 장군

그때 한주는 지칠 대로 지쳐 있었다. 고을 태수는 한주에게 마지 막 기회라며 말했다.

“며칠 있으면 내 생일이다. 그날까지 시간을 주겠다. 만일 그날 까지도 나와 혼인하지 않겠다고 한다면 너는 죽은 목숨이다.”

한주는 기막힌 자신의 신세를 한탄하며 눈물을 주르르 흘려야 했다. 그리고 마침내 태수의 생일잔치가 벌어지는 자리에 끌려갔다. 을밀이 염탐꾼을 보내 알아보니 한시가 급했다. 그는 부하 몇 명을 장사꾼으로 위장하고 관아로 다가갔다. 그때 마당에 끌려온 한주 에게 태수가 물었다.

“잘 생각해 보았느냐? 어떠냐? 나랑 혼인하겠는가?”

한주는 그러나 아무런 대답을 하지 않았다. 그저 눈물만 주르륵 흘러대더니 이윽고 결심을 한 듯 말했다.

"저는 이미 마음을 준 낭군이 있사옵니다. 한 여자가 어찌 두 낭군을 섬기리까?"

그리고는 시 한 수를 읊었는데, 「조선상고사」에는 고려 말 충신 정몽주의 단심가를 한주가 읊은 시라고 소개하고 있다.

"저, 저, 저 발칙한 년 같으니라고!"

태수는 술잔을 집어던지며 부들부들 떨었다. 그러더니 큰 소리로 명령했다.

"당장 저 년의 목을 쳐라!"

태수의 말에 미리 대기 중인 군졸이 칼을 쳐들고 이얍, 하고 기합을 넣을 바로 그 순간이었다.

"멈춰라!"

어디선가 우렁찬 목소리가 나더니 우르르 하고 칼을 든 사람들이 나타나는 것이 아닌가. 바로 을밀과 그 부하들이었다. 을밀은 날랜 솜씨로 태수를 죽이고 한주를 구해 관아를 빠져나왔다. 그리고는 준비해 둔 말을 타고 달려 국경을 벗어났다.

안장왕은 안달이 나서 국경 근처에까지 몸소 나와 있었다. 왕은 이 참에 아예 개백현을 공격할 생각이었다. 그 소식을 들은 을밀은 먼저 봉화를 띄워 한주 낭자를 구출했음을 알렸다. 이에 안장왕은 득달같이 강을 건너 군사를 이끌고 왔다. 왕이 친히 전쟁터에 나서니 옛 고구려 영토를 회복한 것은 당연했다.

마침내 한주 낭자를 만나니 왕은 눈물을 흘렸다. 자신 때문에 갖은 고초를 겪었으며 죽을 뻔까지 했으니 말이다. 이는 마치 춘향과 이몽룡의 로맨스와도 비슷하다.

안학과 을밀의 로맨스

한편, 안학은 을밀이 무사히 돌아오자 한 걸음에 달려와 을밀을 안았다. 국경을 뛰어넘고, 신분도 뛰어넘는 두 사랑이 마침내 이루어지는 순간 궁궐은 축제 분위기였다.

그들은 행복한 나날을 보냈다. 그러나 전해지는 이야기를 종합해 보면 백년해로와 같은 행복은 누리지 못한 것 같다. 먼저 안장왕과 한주 낭자는 「삼국사기」〈안원왕〉 편에 '안장왕이 재위 13년(531)에 돌아가셨으나 뒤를 이를 아들이 없었으므로 아우가 안원왕이 즉위했'고 하므로 10년 남짓 함께 했을 뿐이다. 「일본사기」에는 안장왕이 살해되었다고 기록되어 있다. 아마도 권력 투쟁에 휘말렸을 가능성이 크다.

그리고 을밀과 안학 공주의 행복도 그리 길지 않았을 것으로 생각된다. 필자가 중국 여행 중 연변에서 구한 「을밀대의 소나무」라는 옛 설화를 담은 책자를 보니 안학공주에 대한 언급은 전혀 없다. 또 아들을 무예를 연마하도록 동해안으로 보낼 때 역시 안학은 등장하지 않는다. 안학이 안장왕의 피살과도 관련이 있지 않나 하는 의심이 든다.

여기에서 《일본서기》의 한 내용을 보면 우리는 커다란 충격에 빠지게 된다. 그에 따르면, 고구려 안장왕이 살해당했다는 내용이다. 그것을 어떻게 해석해야 할지 알 수 없지만, 정해진 후사가 없이 죽은 안장왕이 결코 자연사한 것은 아닐 것이란 점을 뚜렷하게 확인하게 된다. 문제는 누가 왜 안장왕을 살해했는가 하는 점이다. 여기서 《일본서기》에 보이는 그대로를 읽으면 어렴풋이 실마리를 느끼게 된다.

"고구려가 그 왕 안을 시해하였다."

그 내용을 고스란히 받아들이면 안장왕은 고구려 전체 국민의 지탄을 받아 시해를 당했을 개연성을 느낄 수 있다. 안장왕을 죽였다는 주체가 특정인이나 특정 세력이 아니기 때문이다. 그렇다면 어째서 고구려 전체 백성들이 안장왕을 지탄하고 마침내 죽음으로 몰았을까. 혹시 안장왕의 짧은 치세와 시해사건은 안학궁 축조에 얽힌 불만세력의 쌓인 분노와 을밀 장군과 같이 두터운 신임에 따라 급부상한 신귀족 가문을 향한 적대감이 뭉쳐 빚어진 책동의 결과로 볼 여지는 없을까.

어떻든 안원왕은 시해됐고, 그 뒤를 이은 안원왕조차 겨우 재위 15년의 치세를 마감했을 뿐이다. 그 시기와 관련하여 전설집인《을밀대의 소나무》의 내용은 을밀과 안학 공주의 뒷이야기를 어렴풋이 짐작케 해준다. 그에 따르면, 을밀 장군은 아내도 없이 아들 하나를 데리고 평양성을 지키는 노련한 무장으로 표현되고 있다. 그런데 어째서 을밀 장군의 아내가 거론되지 않는지는 전혀 알 수 없다. 을밀 장군은 다만 평양성을 노략질하려는 외적들에 대한 걱정이 가득하고 그러한 까닭에 아들인 나래를 같은 또래의 젊은이들과 함께 모두 동해 기슭의 산중 스승에게 보내 수련을 시킨다는 내용이 보인다.

을밀의 죽음

을밀의 죽음은 장렬했다. 그는 평양성에 외적이 침입했을 때 최선을 다해 싸웠으나 온 몸에 화살을 맞고 숨을 거두었다. 물론 이것은 설화집에 나오므로 사실 여부는 정확치 않다. 단지 그때의 이야기가 계속 이어져 내려와 오늘날 평양에는 을밀대와 안학궁이 남아 있다.

짐작컨대 안학 공주는 자신의 이름을 새겨 넣은 안학궁의 안주인처럼 드높은 권위를 장악했고, 그에 반비례하여 안장왕과 을밀 장군을 시기하는 적대세력의 책동으로 비운을 맞은 것으로 여겨진다. 이후 을밀은 가까스로 정변의 주모자들을 축출했지만, 정변은 이어져 마침내 을밀 장군 자신도 역시 정변의 와중에 최후를 맞은 것으로 추정될 뿐이다.

을밀대는 평양성의 북쪽에 자리 잡아 경치가 아름다운데, 이곳에서 바라보는 봄 경치는 을밀상춘(乙密賞春)이라고 해서 평양팔경의 하나로 손꼽힌다. 을밀선인(乙密仙人)이 하늘에서 자주 내려온 장소라고도 하고, 을밀 장군이 외적과 싸울 때 지켰던 곳이라고도 전해진다. 북한의 국보로 지정된 유서 깊은 문화유적지다.

안학궁은 평양의 동쪽에 있었다. 장수왕이 평양으로 도읍을 옮긴 뒤인 427년에 조성된 궁으로 567년 수도를 평양의 장안성으로 옮길 때까지 140년 간 고구려의 수도 역할을 했다. 궁궐 이름이 공주의 이름과도 같아서 어떤 관련이 있을까 하는 궁금증이 생기는데, 알려진 바는 없다. 단지 안학 공주 자신도 안학궁에 살았음은 생존 시기를 볼 때 분명하다. 안학궁은 현재 그 터만 전해지는데, 1500년 전 고구려의 건축기술을 유추해 볼 수 있는 소중한 유적지로 이 역시 북한 국보 유물로 지정되어 있다.

안학공주의 메시지

첫째, 얻으려면 행동하라. 안학 공주는 결코 왕실과 어울리지 않은 사람이었던 을밀 장군에게 사랑의 마음을 느끼고, 을밀 장군에게 사랑의 가능성을 느끼도록 너그러운 태도로 대했다. 안학 공주는 앞날의 방해와 장애를 예견하면서도 사랑을 느끼는 이성에게 배짱을 지니고 다가섰던 여인이다.

둘째, 배경보다 실력이 중요하다. 안장왕은 을밀 장군의 문벌이 한미한 점을 들어 여동생인 안학 공주가 을밀과 혼인하는 것을 허락하고 싶지 않았다. 그러나 안학 공주는 을밀의 지성적 풍모와 의젓한 분위기에 사랑의 문을 열었다. 을밀의 집안 내력이 어땠는지는 검토하지 않았으나, 실상 을밀이라는 사내 자체가 지닌 지성적 교양과 무사적 강인함에 큰 점수를 주었던 것이다. 지성적 교양과 무사적 강인함이 안학이 느낀 을밀만이 지닌 매력 포인트였을 터이다.

셋째, 목숨을 걸 정도로 사랑하는가. 안학 공주의 마음을 얻은 을밀은 위험천만한 백제와의 접경 침투작전의 책임자로 나선다. 안학을 지독하게 사랑한 나머지 목숨도 두렵지 않았기 때문이다. 안학 공주는 목숨마저 걸만큼 단호한 애정의 깊이를 지닌 사내를 자신의 정인으로 만든 것이다.

여성 천황 취옥희

아스카 시대를 완성한 여걸

공주로 태어나 황후가 되었다가 다시 천황에 오른 취옥희는
일본이라는 나라의 기틀과 체제를 정비하여 새로운 시대인 아스카시대를
이룩한 인물이다. 치열한 권력 다툼의 틈바구니에서 소아 가문의 힘과
성덕태자의 지혜를 조화시켜 일본 역사상 뛰어난 천황으로 손꼽히는
취옥희의 비결은 무엇일까.

일본 역사에서 가장 중요한 시기 중 하나는 6세기 중반에서 7세기 중반에 이르는 때다. 대륙에서는 앞선 문화와 제도가 물밀듯이 들어왔으며, 내부적으로는 국가의 틀을 잡아가던 때로, 특히 취옥희(炊玉姬)와 성덕(聖德) 태자가 큰 업적을 남겼다. 일본의 문화 중흥기로서 그때를 흔히 아스카(飛鳥) 시대라고 한다.

취옥희와 성덕태자는 모두 일본 문화융성기의 주된 공로자로 칭송되고 있다. 그런데 거꾸로 생각하면 엄청난 업적을 남긴 두 인물은 전혀 정치적 갈등이 없었고, 천황이 된 취옥희의 경우, 성덕태자의 사후에도 도리어 원만한 통치로 문화융성기를 장기화했기 때문에 엉뚱한 의문이 솟아난다. 도대체 그녀가 그토록 무난한 정치력을 드러내고 마침내 성공한 정치가로 자리를 잡은 데는 무슨 비결이라도 있었던 것일까.

최고의 신부감

취옥희 공주는 여자로서는 드물게 천황에 올랐으니 추고(推古) 천황으로 부른다. 그녀는 흠명(欽明) 천황의 여러 부인 중 견염원(堅鹽媛)의 넷째 딸로 태어났다. 「일본서기」에 의하면 어릴 때는 액전부(額田部) 황녀라고 불렸으며, 얼굴이 유난히 예뻤다고 한다.

그녀의 형제자매는 너무 많았다. 아버지이며 군왕이었던 흠명천황이 정비인 석희 황후 외에 다섯의 왕비를 또 두었기 때문이다. 석희 황후는 2남 1녀를 두었고, 다음 황후의 여동생인 치릉희 황녀는 한 황자를 나았다. 그 다음인 왕비는 일영 황녀인데, 그녀도 한 황자를 낳았다. 그 다음 왕비는 견염원(키타시히메)인데, 당시 막강한 권력을 장악하고 있던 소아대신 도목숙이의 딸이었다. 견염원 왕비는 모두 7남 6녀를 낳았는데, 취옥희는 그 가운데 네 번째 딸이었다. 그런데 그녀의 언니인 반우 황녀(이와쿠마노히메미코) 역시 몹시 예뻤던 점으로 보아, 어머니인 견염원 왕비가 대단한 미인이었음을 짐작할 수 있다.

그러나 너무 예쁜 것은 때로 불행을 부르기도 한다. 어린 시절에 언니인 반우 황녀가 이복동생에게 겁탈을 당한 것이다. 《일본서기》를 보면, 반우 황녀는 이세 대신을 섬기는 역할을 맡았는데, 너무나 예뻐서였던지 이복형제인 자성 황자(이바라키노미코)에게 그만 겁탈을 당하고 말았다.

친언니가 당한 불행을 알게 된 취옥희는 무슨 생각을 하게 되었을까. 아마도 피를 나눈 형제라도 조심해야 한다는 경계심을 잔뜩 집어먹었을 터이다. 그러한 그녀의 모습과 표정은 언뜻 조신하기 그지없는 얌전이로 비추어지게 했을 법하다. 예쁘기만 하던 얌전이 공주 말이다. 그 뒤 몸가짐을 더욱 조신하게 행동해 숙녀가 되었을 때에는 최고의 신부감으로 손꼽혔다.

당시는 국내외적으로 격변의 시기라 할만 했다. 한반도와 대륙에서는 전쟁이 끊이질 않았고, 그들로부터 선진문화를 받아들여야 하는 일본으로서는 어떻게든 그들과의 관계를 조화롭게 유지해나가는 것이 중요한 일이었다.

그런 와중에 백제는 노리사치계 등을 통해 일본에 불상과 불경 등을 전해주었다. '천축에서 삼한에 이르기까지, 불교의 가르침에 따라 받들어 모시고 존경하지 않은 이가 없다'고 백제의 성왕은 일본에 불교를 전하고자 한 것이다.

흠명 천황은 불교 도입 문제를 조정에서 논의하였는데, 취옥희 공주의 외가인 소아(蘇我) 대신의 진영은 받아들여야 한다고 주장했고, 전통신앙을 신봉하는 물부대련(物部大連) 진영은 받아들이면 안 된다고 주장했다. 물부대련은 천황에게 아뢰었다.

"우리나라가 천하에 왕 노릇하게 된 것은 항상 천지사직의 백팔십신을 춘하추동에 제사지내고 있기 때문입니다. 지금 그것을 고쳐 변두리의 신을 예배한다면 나라의 신으로부터 노여움을 살 것입니다."

그런 고로 천황은 선뜻 불교를 수용할 수 없었다.

지혜와 기지를 배운 소녀 시절

그런데, 571년 흠명천황이 죽고 취옥희 공주의 이복오빠가 그 뒤를 이으니 민달(敏達) 천황이다. 그는 즉위하자 곧 백제대정(百濟大井)에 새로운 궁을 지었으며, 취옥희의 숙부인 소아마자숙이(蘇我馬子宿禰)를 대신으로 임명했다. 여기에서 마자란 '안장을 갖추지 못한 망아지'라는 말로, 왕위에 오르지 못한 왕자를 뜻한다.

그런데 같은 해 5월에 고구려로부터 기이한 국서가 왕실에 전달되었다. 왕은 모든 왕자들과 대신을 모아 그것을 보게 하였다. 하지만 국서는 쉽게 읽을 수 없어 3일이나 지나도 글을 풀이하는 이가 아무도 없었다. 새 임금은 당황하였다. 새로운 왕실에 전달된 고구려의 국서를 단 한 사람도 읽을 수 없는 상황은 자칫 왜 땅에 인재가 없음과 같이 느껴질 수 있는 사안이었다.

누구나 초조감에 꼼짝 못할 무렵, 왕진이란 인물이 국서를 보고서는 읽고 해석하는 데 성공하였다. 새 임금과 대신들은 기쁘면서도 놀라워했다.

사실 국서는 까마귀 깃털에 쓰여 있었고, 새의 본래 빛깔인 검정

빛에 구분이 되지 않아 누구라도 쉽게 판독하기가 어려운 터였다.

왕진이는 그 비결을 순순히 밝혔다. 깃털의 검정빛과 글씨의 검정빛을 구분하는 방법으로, 국서를 더운밥에 가까이 한 다음 밥의 따뜻한 기운에 의해 글씨의 기운이 배어나오도록 한 뒤, 비단에 서리게 하여 읽은 것이었다.

고구려 국서의 판독은 왜 땅의 왕실에서는 하나의 사건으로 비추어졌을 터이다. 당시 10대 초반인 취옥희도 그 사건을 들었을 것이 분명할 터, 무슨 느낌이 들었을까? 또한 왜 땅의 왕실 사람들 모두는 무슨 생각을 했을까?

우선 고구려가 국서의 비밀이 중간에 누설되지 않게 하고자 짜낸 아이디어에 놀랐다. 그 다음은 왕진이가 국서의 내용을 헤아리고자 동원한 방법이 일상적인 삶 속에서도 가능한 방법인 점에 놀랐을 법하다. 삶을 살아가는 것이든 나라를 경영하는 일이든, 부딪는 문제를 푸는 방법과 해결책이란 아주 일상적인 데에서도 그 가능성이 있음을 소박하게나마 다시 깨닫지 않았을까.

취옥희 공주는 그렇게 소녀시기를 거치며 왕실 안의 소문과 일화를 접하면서, 정치적 문제해결의 수완과 기지를 배우고 깨달아갔다.

황후가 된 취옥희

천황이 즉위한 지 5년, 황후를 책봉하게 되었는데, 미모와 넉을 겸비한 취옥희가 간택되어 황후에 오르니 그녀의 나이 18세 때의 일이다. 취옥희는 황후에 올랐어도 그다지 특별한 언행을 드러내지 않고 여전히 얌전한 태도로 일관했다. 단지 한 가지 걱정이 있다면 소아마자숙이가 불교에 깊은 관심을 갖고 여러 가지 일을 벌이는 반면 민달 천황은 불교를 그다지 믿지 않고 문학과 역사를 좋아한다는 것이었다.

그 같은 관계는 결국 갈등으로 치달아 재위 14년째 되던 해에 일이 벌어지고 말았다. 소아마자숙이가 대야구(大野丘)의 북쪽에 탑을 세우고 법회를 열었는데, 무리를 했는지 앓아누웠다. 점쟁이를 부르니 소아마자숙이가 믿는 신에게 제의를 올리라는 것이다. 그의 말대로 하였더니 소아마자숙이는 나았으나 공교롭게도 그 이후에 나라 안에 전염병이 돌기 시작했다.

물부 가문은 전염병의 원인이 소아마자숙이가 믿는 신에게 있다며 조정에 불교를 금지하도록 건의하였다. 민달 천황은 불상을 파괴하고 불경도 불태우라는 명령을 내렸다. 이것이 바로 585년의 불교금지령이다. 그런데, 그 뒤 얼마 안 되어 이번에는 민달 천황이 갑작스레 죽고 만다. 그의 뒤를 이어 취옥희의 다른 이복형제가 즉위하니 용명(用明) 천황이다.

졸지에 과부가 된 취옥희는 쓸쓸히 빈궁에서 지내야 했다. 그러던 어느 날이다. 왕의 자리를 호시탐탐 노리고 있는 혈수부(穴穗部) 황자가 흑심을 품고 취옥희를 찾아갔다. 과부가 되긴 했어도 취옥희는 아직 20대로 아름다웠으니 그런 일이 생긴 것이다. 혈수부 황자는 취옥희와는 이종사촌 간이다. 삼륜군역(三輪君逆)이 이를 알아차리고 취옥희가 거처하는 궁의 문을 닫지 않았다면 사건이 벌어졌을 것이다. 삼륜군역은 민달 천황의 총신으로 지금으로 치자면 근위대장이었다.

그러나 이 사건으로 인하여 취옥희는 권력 투쟁에 휘말리게 되었다. 혈수부 황자는 물부 가문 세력과 결탁하여 삼륜군역을 죽였으며, 용명 천황이 재위 2년만인 587년에 죽자 천황이 되려는 욕망을 본격적으로 드러냈다. 참고 참던 소아마자숙이는 군사를 동원해 물부 가문 및 혈수부 황자 측과 한바탕 싸움을 치렀다. 그 전쟁에서 소아마자숙이 진영이 혈수부 황자를 제거하였으며, 물부 가문 역시 몰아냈다.

소아마자숙이는 반대파를 제거한 뒤 불교를 널리 펴기 시작하였다. 마침 백제에서 은솔 수신을 비롯한 사신들이 불사리를 들여왔으며, 승려와 기술자 등을 보내와 문화를 발전시킬 기반을 마련하게 하였다. 소아마자숙이는 백제 사신들이 귀국할 때 여승들을 딸려 보내 불교와 학문을 익히도록 하였다. 이는 그가 일찍부터 계획해온 문화 발전책의 하나였다.

여자로서 천황에 오르다

한편, 용명 천황의 뒤를 이은 숭준(崇峻) 천황은 흠명 천황의 열두 번째 아들로, 역시 취옥희와는 이복오누이 관계이다. 숭준 천황역시 복잡한 권력 투쟁의 시기에 천황이 되어 오래 버티지 못하고 소아마자숙이가 보낸 자객에게 살해당하니 재위 5년째인 592년의 일이다.

숭준 천황이 죽자 소아마자숙이는 취옥희를 찾아와 말했다.

"황후마마, 마마께서 이 나라를 이끌어야 합니다."

숙부의 말은 자신에게 천황이 되라는 것이 아닌가. 취옥희는 안그래도 황실에서 일어나는 권력 투쟁이 지긋지긋하던 터였다.

"아닙니다, 숙부님. 저는 여자입니다. 제가 어찌 감히 천황이 될 수 있사옵니까?"

취옥희는 그렇게 사양했다. 그러나 소아마자숙이는 몇 차례 더 간곡하게 청하니 따를 수밖에 없었다. 그리하여 마침내 592년 12월 취옥희는 천황에 올랐다. 소아마자숙이가 취옥희를 천황에 앉힌 것은 여성이기 때문이다.

평소 음전한 여성을 앉혀 놓고 자신이 전권을 행사할 계획이었던 것이다. 그러나 그것이 일본을 새로운 시대로 이끌어가는 커다란 전환점이 될 줄은 아무도 몰랐다.

취옥희는 즉위하자마자 먼저 황태자를 세웠다. 그녀가 황태자를 세우자 나라 안팎은 깜짝 놀라고 말았다. 자신의 소생이 2남 5녀나 되는데도 조카 구호풍총이(廏戸豊聰耳)를 내세웠던 것이다. 아마도 자신의 아이들이 권력 투쟁에 희생되지 않았으면 하는 바람 때문이었던 것 같다.

593년 봄 취옥희는 중대한 결정을 내리고 다음과 같이 발표했다.

"불교를 일으켜 융성하게 하라."

비록 권력 투쟁의 와중이었지만 그간 봐 온 바로는 불교가 국가를 이끌어가는 중요한 이념이 될 수 있을 것으로 여겨졌던 것이다. 재위 3년째에는 고구려에서 혜자가 오자 황태자의 스승으로 임명하는 조치를 내리기도 했다.

성덕태자와 아스카 시대를 열다

황태자는 취옥희의 뒷받침을 받아 여러 제도와 문물을 정비해나갔다. 603년에는 관위 12계를 정했고, 604년에는 헌법 17조를 제정하여 중앙 집권적인 통치를 실현했다. 또한 국정 체계를 천황을 중심으로 세우고자 「천황기(天皇記)」와 「국기(國記)」 등의 역사 서적을 편찬케 했고, 607년에는 소야매자(小野妹子)를 수나라에 보내 앞선 문물과 제도를 도입코자 하였다. 그는 취옥희가 내세운 불교 정책을 충실하게 수행하였다. 법륭사와 사천왕사와 같은 절을 세웠으며, 「삼경의소」 등 불교 서적도 저술했다.

취옥희는 황태자와 함께 선진국의 문물을 들여오는 데에 최선을 다하니 특히 한반도로부터도 매우 다양한 문물이 유입되었다. 고구려의 담징이 법륭사에 금당벽화를 그린 것도 이 시기이다. 담징은 그때 채색 기술과 종이와 먹의 제조법 따위는 물론 수력과 관련된 맷돌의 제조법 등을 일본에 전해주었다.

일본이 새로운 문화 융성기를 맞이하게 한 것은 특히 백제의 도움이 컸다. 백제는 오경박사와 의박사, 채약사 등을 보내 국가 발전을 도왔으며, 관록은 역서와 천문지리서, 둔갑방술서 등을 전해주었다. 하지만 신라와는 다소 불편한 관계였는지, 기록이 별로 전하지 않는다. 신라 첩자가 대마에서 활동하다 체포되었다는 기록은 당시 신라와의 관계를 잘 보여준다.

재위 13년 때 장륙불상을 조성한 것은 그녀가 불교를 꽤 믿었다는 것을 알게 해 준다. 그러나 토착 종교에도 너그러워 재위 15년에는 '신기(神祇)에 제사 지내는 것을 게을리 할 수 있는가.

여러 신들은 마음을 다하여 신기를 배하라'고 명하였다. 신기란 여러 신과 토지의 신을 말한다. 이런 천황에 대해 소아마자숙이는 잔칫날에 특별히 여왕에게 찬양의 시구를 노래하였다.

우리 천하를 다스리는 대 임금이 드시는 광대한 궁전!

내다 세운 궁궐의 천정을 보아하니,
천대 만대도록 이러하였으면!
두려워하며 섬기고자 하나이다.
배례하고 섬기겠나이다.
노래를 드리나이다!

추고여왕 역시 화답하였다.

소아의 사람이여! 소아의 사람이여!

한편 추고천황과 더불어 많은 업적을 이룩한 황태자는 622년에 사망했다. 그는 일본 역사에서 이후 성덕태자라는 이름으로 영원한 아스카 시대의 주역으로 남게 되었다. 그로부터 6년 뒤인 628년 4월 15일 마침내 추고 천황도 숨을 거두었다. 취옥희는 소아 가문의 힘과 황태자의 지혜를 양축으로 국가 운영 체계를 정비하고 신문물을 수용하여 일본에 새로운 문화의 시대를 여는 대과업을 완수한 인물로 칭송받았다.

취옥희의 메시지

첫째, 되도록 많이 경험하라. 취옥희는 흠명천황과 왕비 견염원의 7남 6녀 중 네 번째 딸로 태어나 얌전한 공주로 성장했다. 그러나 그녀는 별다른 말썽 없이 지내면서도 차분하게 궁정의 소식을 접하며 나름대로 태평세대에 관한 소박한 견해를 갖출 수 있었다.

둘째, 형평과 균형, 조화를 터득하라. 취옥희는 자신의 외가 숙부인 소아마자숙이가 드러내는 불교적 세계관과 그의 능숙한 처세술을 지켜보면서, 예측불허의 변화상황을 지혜롭게 극복하는 방식을 느끼면서 자신의 이복오빠이자 남편인 민달 천황의 통치를 조용히 내조했다. 숙부와 남편의 전혀 다른 세계관과 신앙관의 사이에서 가장 무난한 처신으로 왕비의 역할을 다한 것이었다.

셋째, 타인의 장점에 귀 기울여라. 취옥희는 여왕으로 즉위하고 나서 외가의 숙부인 소아마자숙이의 불교적 파워 경영을 묵인하면서도, 조카로서 황태자에 임명된 구호풍총이 황자에게 거의 전권을 위임하여 섬세하고 다양한 국정의 개혁을 이룰 수 있게 배려하였다. 짐작컨대 어떤 재앙이나 착오에 따른 손실을 없게 하고자 두 사람의 특성을 절묘하게 배합한 것인지도 알 수 없다. 어떻든 취옥희의 통치기에 국가의 운영체계가 크게 정비됐고 다양한 신문물의 수용이 가능했던 것이었다. 취옥희는 여왕으로 강력한 성품의 숙부와 섬세한 관점을 지닌 조카를 양대 정치적 파트너로 활용하여 아스카 문화를 활짝 꽃피웠던 것이다.

신라 덕만공주

삼국 통일의 기틀 다진 선덕여왕

공주의 신분에서 왕위까지 물려받은 덕만은 지혜와 덕을 함께 겸비한
유능한 지도자다. 특히 불교를 널리 장려하여 분황사와 황룡사 9층 목탑을
세웠고, 많은 사람을 당나라에 유학시켜 선진 문물을 들여왔다.
또한 김춘추와 김유신 등 많은 인재를 등용해 삼국 통일을 이룰 수 있는
기반을 마련했다. 비록 사랑을 얻는 데에는 실패했으나 나라 경영에는
성공한 여왕으로 평가된다.

신라 선덕여왕은 진평왕의 딸로 공주 때의 이름은 덕만(德曼)이다. 「삼국사기」와 「삼국유사」에는 맏딸로 나오지만, 「필사본 화랑세기」에는 천명의 동생으로 나온다. 진평왕이 여러 부인을 두었으므로 혹시 덕만과 천명은 배다른 자매가 아닌가 한다.

드라마 〈선덕여왕〉에서도 덕만이 남장을 하고 화랑들과 어울리는 장면을 많이 보았는데, 덕만은 공주 시절 불가의 승려들이나 젊은 화랑들과 어울렸다. 「필사본 화랑세기」에 '김춘추가 일찍부터 공주를 따라 남산에서 놀고 있었다'는 내용이나, '염장공이 공주에게 몰래 붙어 칠숙의 난을 다스렸다'는 내용은 덕만이 활발한 활동을 했다는 것을 보여준다. 그런데, 「조선상고사」에는 '첫 번에는 선덕, 다음에는 진덕, 곧 출가하여 여승이 된 두 여인'이라고 하여 두 공주가 한때 여승이었다고 기록되어 있다. 이는 당시 승려가 오늘날과 다른 개념이 아니었나 하는 생각을 하게 해주는데, 예를 들면 어른이 되기 전에 덕을 쌓기 위한 교육의 한 과정이 아니었나 생각한다. 어쨌든 덕만은 어린 시절부터 활발하게 활동해 덕을 쌓으니 「필사본 화랑세기」에 '공주가 점점 자라자 용봉의 자태와 태양의 위용은 왕위를 이을 만하였다'고 표현하고 있다.

얽히고설킨 공주들의 결혼

덕만과 천명 두 공주는 진지왕(眞智王)의 두 아들 용수(龍樹), 용춘(龍春)과 묘한 관계였다. 촌수로는 그들이 공주들에게는 아저씨뻘이었다. 천명은 그 중 용춘을 마음에 두고 있었다. 혼인할 나이가 되자 어머니가 물었다.

"혹시 마음에 둔 남자는 있느냐?"

천명은 용춘을 떠올렸다.

"사내는 용숙(龍叔)과 같은 사람이 없는 듯하옵니다."

용숙이란 용춘 아저씨란 뜻이다. 그런데, 어머니는 이를 잘못 알아들었다. 용숙을 용수로 생각하고 공주의 뜻에 따라 일사천리로 혼인을 진행하였다. 천명이 자신의 결혼 상대가 용춘이 아니라 용수라는 것을 알았을 때에는 이미 늦은 상태였다. 혼례를 올리기 전에 천명은 용춘에게 다가가 아무도 모르게 귀띔했다.

"제가 본시 그리워하는 이는 그대입니다."

그러나 용춘은 냉정했다.

"집에서는 맏이가 중요합니다. 그런데 소신이 어찌 감히 형을 따라가겠습니까?"

자신이 형에게 미치지 못한다고 한 것이다. 문제는 용수에게는 이미 아내가 있었으니 천화공주(天花公主)다. 난감하게 된 용수는 천화를 아우인 용춘에게 보내었다.
한편, 덕만도 혼인할 나이에 이르자 진평왕은 용춘과 혼인을 하게 하였다. 이로써 세 공주가 용수와 용춘 형제와 얽히고설키게 되었다. 이는 진평왕이 당시 억울하게 폐위된 진지왕 세력을 자신 편으로 삼아 왕권을 강화하려는 제스처로 보인다.

왕위에 오른 덕만

하지만 애석하게도 진평왕은 아들을 얻지 못했다. 왕은 자신이 더 이상 아들을 얻을 수 없음을 느낀 뒤부터 과연 누구에게 왕위를 물려주어야 할지가 고민이었다. 그런데, 그 고민을 해결할 만한 일이 벌어졌으니 즉위 53년(631)에 발생한 이찬 칠숙(柒宿)과 아찬 석품(石品)이 일으킨 반란이 그것이다. 반란 내용은 전하지 않으나 덕만이 자신의 인맥으로 간단히 제압을 했던 것이다. 덕만은 다양한 활동을 통해서 인맥을 쌓았는데, 가장 대표적인 사람들로는 김유신 과 김춘추를 들 수 있다.

마침내 서기 632년에 덕만은 왕위에 올랐다. 측근 세력들은 덕만 공주에게 성조황고(聖祖皇姑)라는 존호를 올렸다. 이는 '성스러운 조상의 뒤를 이은 황실의 어른 여성'이라는 뜻이다.

왕위에 오른 덕만은 남편 용춘을 지아비로 삼고자 청하였다. 그러나 용춘은 이렇게 대답했다.

"저와 대왕 사이에는 자식이 없습니다."

남편으로서 자격이 없다는 말이다. 용춘을 놓아주어야 하는 덕만은 대신 천명 공주와 용춘이 부부가 되게 해 주었으며, 김춘추를 양아들로 삼도록 하였다. 이를 통해 보면 당시 혼인 관계가 상당히 난삽하기까지 한데, 혈통을 위해 근친혼이 행해지던 때이니 문제는 없었을 것이다. 천명을 얻은 용춘은 여러 아내를 거느리고 산의 궁전에서 거문고와 바둑을 즐기며 여생을 보내게 된다.

용춘이 여왕의 지아비 자리를 포기한 뒤 신하들은 여왕에게 '삼서(三婿) 제도'를 예를 들며 지아비를 두 명 더 둘 수 있음을 알렸다.

그리하여 두 명의 지아비가 지명되니 흠반공(欽飯公)과 을제공(乙祭公)이다. 그런데, 「동경잡기」에 의하면 이들 외에도 또 한 명의 지아비가 있었으니 갈문왕(葛文王) 김인평(金仁平)이다. 갈문왕이란 왕의 근친에게 주던 봉작으로 조선시대의 대원군이나 부원군과 비슷한 작위이다. 이렇게 선덕여왕은 모두 네 명의 남편이 있었지만 자녀는 낳지 못했다.

합리적인 인재 등용

선덕여왕은 즉위 후에 자신의 국가 경영에 충직하게 따라줄 인물을 찾았다. 을제공에게 정사를 담당케 하긴 했지만, 별도의 파워 엘리트가 필요했던 것이다. 그중 한 명이 원광법사(圓光法師)다. 「삼국유사」에는 외교 문서나 계서(啓書), 오고가는 국서(國書)가 모두 원광의 머릿속에서 나왔다고 기록되어 있다. 또한 그의 제자인 원안(圓安) 등도 선덕여왕을 도왔다고 한다. 특히 원안에 대해서는 북쪽으로는 환도(丸都)를 돌아보고, 동쪽으로는 불내(不耐)를 보았으며, 또 서쪽으로 연나라와 위나라에 가고, 나중에 황제가 사는 장안(長安)까지 이르렀다고 하여, 국제 감각이 뛰어난 인물로 소개하고 있다. 환도는 고구려 수도인 평양을, 불내는 옛 동예 지역을 뜻한다.

여왕은 또한 김춘추와 김유신에 대한 지원도 계속 해나갔다. 즉위하자마자 그들에게 재물을 내려 활동을 도운 것이다. 진취적인 사람들을 자기 측근으로 삼아 국정 운영을 활발하게 전개하기 위한 포석이었다. 두 김 씨는 본래 정치적으로는 외부 세력이다. 김유신의 경우 가야 왕족 출신이며, 김춘추는 폐위당한 진지왕의 손자다. 이들은 소외당한 가문 출신으로서 속에 한이 남아 있는데, 여왕이 그런 한을 잘 조화시켜 국정 운영에 쓴 것으로 생각해 볼 수도 있다. 무예에 출중한 김유신과 지혜가 뛰어난 김춘추를 마치 수레의 양쪽 바퀴처럼 활용하였으니 선덕여왕의 재주는 그들보다 뛰어난 듯하다.

여왕은 또한 여러 사찰을 건립하였는데, 영묘사와 분황사, 황룡사 등을 건립할 때 두루두루 인사를 기용했다. 그중 양지스님은 영묘사에 장륙삼존과 천왕상, 기와 그리고 천왕사 탑의 팔부신장 등을 조성한 인물이다. 솔거는 황룡사에 노송도를 그렸다.

통합적인 사고 지닌 여왕

그런데, 여왕에게 가장 큰 근심은 고구려와 백제와의 관계였다. 특히 백제의 의자왕은 즉위 이후에 신라에 대한 공격을 적극적으로 감행했다. 이러한 위협을 막아내고자 재상과 비슷한 관료인 대보(臺輔)에 자장율사를 임명했는데, 이는 종교계의 지원이나 연계를 통한 친왕실적 정계 구도를 구축하기 위한 것으로 생각된다. 그러나 자장율사는 어명을 사양하였다. 그 소식을 들은 여왕은 화가 나 당장 자장을 죽이라고 명하였다. 붙잡혀온 자장은 당당하게 말했다.

"하루만이라도 계를 지키다 죽을지언정 백 년을 파계하고 살고 싶지는 않습니다."

자장의 결의에 여왕도 탄복하여 죽이지를 않았다. 오히려 뒷날 자장을 불러 이렇게 말했다.

"중국 땅에 들어가 불법을 더욱 공부해 오세요. 그래서 나라를 위해 일해 주시오."

이것은 여왕이 얼마나 통합적인 사고를 가졌는지를 알게 해 주는 일화다. 약소국을 강대국을 만들고자 하는 의지로 자신의 명을 어긴 자장을 더 큰 일을 하도록 하였으니 말이다.

자장은 636년 약 100명의 무리를 이끌고 당나라로 건너갔다. 그는 청량산에서 문수보살을 친견하고 불법을 받았는데, 「삼국유사」에는 문수보살이 자장에게 전한 내용이 실려 있다.

'너희 나라 왕은 바로 인도의 찰리종(刹利種, 크샤트리아 계층)의 왕족으로서 이미 불기(佛記)를 받아 동쪽의 오랑캐나 공공의 족속과는 다르다. 그러나 산천이 험하기 때문에 사람들의 성격이 거칠고 사나우며, 많은 사람들이 미신을 믿어 이따금 천신이 화를 내린다. 하지만 다문비구(多聞比丘)가 나라 안에 있기 때문에 임금과 신하들이 매우 편안하고 모든 백성들도 평화롭다.'

다문비구란 수행을 하기보다 경전을 듣고 오는 데 힘쓰는 비구를 이른다.

여왕은 640년에는 인재들을 당나라에 유학시켜 유학은 물론, 율학과 서학(書學), 산학 등의 실용 학문을 깊이 궁구할 수 있도록 했다.

그리고 국정을 운영하면서 다양한 의견을 들을 줄 알았다. 「홍무왕연의」를 보면 643년에 염종과 비담이 김춘추를 험담하였으니 귀담아 들었으며, 잠시 조치를 취하기도 했다. 김춘추 대신 알천(閼川)을 승상으로 임명한 것이다. 이런 조치는 여왕이 가까운 측근에게도 냉엄한 자세를 보여줌으로서 강한 이미지를 주려고 한 것인데, 한편으로는 김춘추의 주변 인물들을 경계한 것이기도 하다. 그런 여왕의 노파심을 알아차리고 김춘추는 귀가하여 날마다 시중, 빈객과 함께 담론하였다고 한다.

정치와 종교를 발전시키다

그 당시 백제는 여전히 신라를 공격하였으니 국경의 40여 개 성이 함락되었고, 중국으로 가는 교두보인 당항성을 빼앗겼다. 또한 경남 합천에 있는 대야성까지 함락되고 말았다. 대야성은 김춘추의 사위 김품석이 지키고 있었는데, 싸움에서 패하며 사위는 물론 딸도 죽음을 당하였다. 그 소식을 들은 김춘추는 분노가 치밀어 여왕을 알현하고 말했다.

"신에게 정병 7천 명만 주시면 대야성을 회복하고, 백제 장군 윤충의 목을 베어 돌아오겠습니다."

염종과 비담이 듣고 보니 어려운 일이 아닐 수 없었다.

"죽으러 가려고 하시오?"

여왕 역시 차분하게 말했다. 이에 김춘추는 마음을 고쳐먹고 다시 청했다.

"고구려에 가서 군사를 빌려오겠습니다."

그것 역시 매우 위험한 생각이었다. 그러나 뒤에 김유신 장군이 있으니 한번 해볼 만한 시도였다. 여왕은 결국 허락을 하였다.

한편, 자장은 중국 유학 중 태화지에서 신인(神人)으로부터 이웃나라가 신라를 도모하려 한다는 말을 들었다. 신인은 황룡사에 9층 목탑을 세우면 외적의 침입을 물리칠 수 있다고 하여 황급히 귀국하니 유학을 떠난 지 7년 만인 643년의 일이다.

「삼국유사」에 따르면 자장의 귀국은 선덕여왕의 요청 때문이라고 한다. 위기에 놓인 나라를 자장의 불심으로 구하고자 한 것이다. 자장은 귀국할 때 비단 700여 단과 대장경, 번당과 화개 등 많은 물품을 가져왔다. 백성들은 물론 여왕도 대환영하며 자장을 맞이하였으며, 자장은 이후 분황사에 머무르며 불법을 폈다.

여왕은 불국토 의식이 퍼져 나가길 기대했다. 그것은 곧 부처님이 나라를 지켜준다고 믿게 하여 불심으로 백성들을 단결하게 하여 위기를 벗어나고자 한 것이다. 자장은 여왕의 뜻에 따라 불국토를 전파했으며, 신인으로부터 들은 대로 황룡사에 9층 목탑을 세울 것을 건의했다. 여왕이 자장의 건의를 조정에 알리니 신하들은 고개를 가로저었다.

"그런 탑을 세우려면 백제의 기술자가 필요합니다."

한 신하의 말이었다. 백제와 전쟁을 하고 있는 판국에 누가 백제 기술자를 데려오겠는가. 그러나 여왕은 목탑을 세우기로 하고 백제의 장인인 아비지에게 초청장을 몰래 보냈다. 그리하여 아비지가 도착해 신라의 기술자 200명과 함께 목탑을 조성하기 시작했다. 아비지는 그것이 전쟁과 상관이 있는지는 몰랐을 것이다.

그런데, 어느 날 꿈을 꾸니 백제가 망하는 꿈이었다. 순간 아비지는 탑을 세워서는 안 되겠다고 마음을 먹었는데, 갑자기 우레와 같은 소리가 나더니 노승과 장사가 나타나 기둥을 세우는 것이 아닌가. 아비지는 그때 백제의 운명이 다한 것을 깨닫고 공사를 계속했다고 한다.

645년에 드디어 탑이 완성되니 높이가 80m에 이르러 어디에서 보아도 우뚝했다. 이는 진흥왕 때인 553년부터 시작된 황룡사 불사를 마감하는 것이기도 했다. 신라의 안홍이 지은「동도성립기」에 따르면 9층으로 지은 이유가 주변 9개 나라의 침입을 막고자 했다고 한다. 즉 1층은 일본, 2층은 중화, 3층은 오월, 4층은 탁라, 5층은 응유, 6층은 말갈, 7층은 거란, 8층은 여진, 9층은 예맥을 막는다는 것이다.

자장은 황룡사 9층 목탑이 세워진 뒤 대국통에 올라 승니의 규범을 규제하였으며, 많은 이들이 승려가 될 때 주재하였다. 또한 통도사를 건립하고 부처님 사리를 봉안하여 금강계단을 만들어 많은 이들을 제도하였다.

선덕여왕은 밀교에도 관심을 나타냈는데, 이는 호국적인 성격이 강하다. 당시 밀교는 명랑법사에 의해 퍼지고 있었다. 명랑 역시 당나라 유학승이다. 명랑은 여왕이 병이 났을 때 주술로 치료를 한 바도 있다.

삼국 통일의 기틀을 다지다

선덕여왕의 일화 중 흥미로운 것이 많다. 그중 당태종이 보낸 모란 이야기와 몰래 잠입한 백제군 1천 2백을 여근곡에서 물리친 이야기는 유명하다.

어느 날 당태종은 붉은빛과 자줏빛, 흰빛으로 그린 모란과 모란 씨 석 되를 보내왔다. 사람들은 대체 그것이 무슨 뜻인지 몰랐으나 선덕은 남편 없이 혼자 사는 자신을 놀리는 것을 알아차렸다.

"이 꽃은 필히 향기가 없을 것이다."

여왕은 그렇게 말하고 꽃씨를 심도록 명했다. 나중에 꽃이 피었으나 꽃이 다 지도록 향기가 정말 없는 것이 아닌가. 이에 놀란 신하들이 물었다.

"대왕은 어떻게 꽃에 향기가 없는 줄 아셨습니까?"

여왕은 대답했다.

"그림을 보면 꽃은 있으나 나비가 없으니 향기 없는 꽃이 아니겠느냐. 이것은 당나라 임금이 혼자 사는 나를 놀리고자 보낸 것이니라."

여왕은 당태종의 놀림에 되받아치는 사업을 하니 바로 분황사의 건립이다. 분황사란 '향기로운 황제의 절'이라는 의미이니 말이다. 이 일화에는 선덕여왕이 얼마나 관찰력이 뛰어난지를 알 수가 있다.

여근곡 이야기 역시 그녀가 얼마나 지혜로운 사람인지를 알게 해준다. 어느 날 선덕여왕은 영묘사 옥문지라는 연못에 개구리 떼가 3, 4일이나 계속 울고 있다는 말을 들었다. 그 소식을 접한 여왕은 군대를 출병하도록 명령했다. 그곳에는 백제군 1200이 잠복 중이었으며, 모두 신라군에게 전멸당했다. 여왕의 신통함에 놀란 한 신하가 물었다.

"그곳에 백제군이 숨어 있는 걸 어찌 아셨습니까?"

여왕이 대답했다.

"개구리의 성난 모습은 군사의 형상이고 옥문은 여자의 음부이다. 여자는 음이고 그 빛은 흰데 흰빛은 서쪽을 뜻하므로 군사가 서쪽에 있다는 것을 알았으며, 남근이 여근에 들어가면 죽는 까닭에 잡기가 쉽다는 점을 알 수 있었다."

선덕여왕은 어느 날 몸져누웠다. 안 그래도 왕이 여자라서 당태종으로부터 놀림을 당한 것을 싫어하는 무리들이 반란을 일으키려고 하였는데, 앓아누운 것이다. 그 틈을 이용하여 비담 등이 반란을 일으켰다. 김유신이 10여 일 간의 전투 끝에 반란군을 진압하였다.

그러나 여왕은 다시는 일어나지 못했다. 일찍이 진평왕이 이룩한 정책적 정비의 바탕을 기반으로 왕위에 올라, 인재 중심의 정책과 불교 신앙을 조화하고 민심 화합을 꾀하던 여왕은 그렇게 영원한 안식에 들어선 것이다. 그 때가 바로 647년 음력 정월 8일이었다.

선덕여왕을 어떻게 평가하느냐는 연구자마다 다를 수 있다. 하지만 여성이란 핸디캡에 결코 굴복하지 않고 끝내 황룡사 9층 목탑을 완성하였고, 당나라에 많은 인재를 유학 보냈으며, 김춘추와 김유신을 중용하여 훗날 삼국 통일의 위업을 이루는 영웅으로 만들었으니 뛰어난 지도자로 보아도 무리가 없을 것이다.

덕만공주의 메시지

첫째, 다양하게 경험하라. 덕만공주는 왕위에 오르기 전에 승려 생활과 화랑 집단과의 교류를 함께 한 듯하다. 승려 생활을 통해 절대 진리를 향한 구도적 자세를 체득했고, 화랑 집단과의 교류를 통해 조직체가 지닌 집단성과 집단적 목표를 추구하기 위해 필요한 단결심 등의 가치를 익혔다.

둘째, 인간 관계에 공평하라. 덕만공주는 승려와 화랑 집단 그리고 역졸인 지귀에 이르기까지 인간관계의 형성에 일정한 선입견이나 제한적 틀을 설정하지 않았다. 더불어 자신의 측근으로 여겼던 김춘추마저 한때 견제하는 등 매순간 적절한 정치적 제스처도 놓치지 않은 영민한 여성이었다.

셋째, 과감하게 승부하라. 덕만 공주는 왕위에 올라 일찍이 진평왕대에 이룩된 정치제도적 기반위에 합리성과 신앙성을 뒤섞은 문화국가의 새 기틀을 마련했다. 황룡사9층목탑에 담긴 호국의지는 거창한 문화적 토목공사 등이 지향하는 의미가 강대한 국가건설에 있었음을 증명하고 있다. 여성으로서는 매우 과감한 승부라고 할 수 있다.

신라 요석공주

3일간의 사랑

백제와의 전쟁으로 남편을 잃었던 요석공주는 원효와 3일간

사랑을 나누고 설총을 낳았다. 그 뒤 그녀는 원효가 가는 곳마다

따라다니며 그를 뒷바라지하고 설총을 양육하는데 최선을 다했다.

원효는 역사상 가장 위대한 승려이자 사상가가 되었고,

설총은 신라 십현에 속하는 대학자가 되었다.

요석 공주의 삶은 그들의 성공 뒤에서 아름답게 빛난다.

요석공주는 태종 무열왕의 둘째 딸이다. 한국 불교사에 한 획을 그은 원효와 3일 간의 사랑으로 유명하고, 신라 십현의 한 사람인 설총의 어머니로도 잘 알려져 있다. 그녀는 어떻게 해서 승려인 원효와 사랑을 나누었을까.

그에 앞서 요석이 누구인가를 먼저 살펴보자면 원효를 만나기 전까지의 기록이 없어 어떻게 살아왔는지를 정확히 알 수는 없다. 단지 태종 무열왕이 왕위에 오르기 전에 시집을 간 것은 분명해 보인다. 무열왕은 654년에 진덕여왕의 뒤를 이어 왕이 되었다.

당시는 삼국이 치열하게 다투던 때라서 많은 사람들이 전쟁터에서 죽었으며, 요석 역시 남편을 여의고 과부로 살아가고 있었다. 무열왕은 그런 딸이 안쓰러워 요석궁에 거처하게 하여 '요석공주'로 불리게 된 것 같다.

한국역사상 숱한 공주가 있었으나 도대체 내면의 본심을 전혀 알 수 없는 공주가 바로 요석 공주다. 그녀는 그만큼 신비감에 싸여 있다. 말을 남기지 않았으니 궁금함을 느끼게도 하지만, 어째서 뒤늦게 원효라는 스님을 남편으로 맞아 그토록 목석같이 살기만 하고, 그토록 신비하고 은밀하게 삶을 마쳤는가 하는 점 때문이다.

참고로 요석이란 공주의 호칭 때문이다. 요석이란 표현이 정말 이름이었는지 아니면 그녀가 지내던 전각의 당호였는지는 전혀 알 수가 없다.

어떻든 瑤(요)자는 '아름다운 옥' 또는 '아름다운 돌'을 뜻하기도 하지만, 북두성의 자루 부분을 지칭하기도 한다. 마치 국자와 닮아 보이는 북두성의 자루는 언뜻 무엇인가를 가득 담은 용기의 끝을 뜻한다. 꼭 무엇인가를 가득 담아서 옮기는 권능을 지닌 듯이 느끼게 한다.

일부러 갖다 붙이는 격이 되겠지만, 북두성의 자루와 같은 이미지는 요석공주의 삶과 매우 잘 어울린다. 시끄럽고 복잡한 세상을 감싸고 보듬듯이 이 강 저 강 가리지 않고 흐르다가 때가 되어 마침내 대해로 향하는 물속에 한 움큼 가득이 물을 담은 국자의 자루로 말이다. 물론 그 국자를 들어 물을 담는 이를 요석공주로 바꾸어 생각해 본다면, 그녀는 이 세상이 더욱 아름답고 곱게 바뀌기를 기도하는 여인이 어울릴 터이다. 퀴퀴한 악취가 아닌 향긋하고 맑은 목수를 다소곳이 길어 올리는 선녀의 모습이 요석공주의 이미지였다고 상상해본다면 지나친 것일까.

원효의 태생과 어린 시절

여기서 잠깐 요석과 사랑에 빠지게 되는 원효에 대해 알아보자. 원효는 서기 617년에 경산의 밤나무골이란 곳에서 태어났는데, 오늘날 경북 경산시 압량군 자인면 불지촌이다. 원효의 아버지의 신분은 6두품의 낮은 신분이었다고 한다.

원효는 어린 시절에는 서당(誓幢) 또는 신당(新幢) 이라는 이름으로 불린 아이였다. 원효의 아버지가 설 씨였으니 원효의 본명은 설서당인 것이다.

그런데 설서당은 태어나면서 어머니를 여의었고, 이후에는 아버지도 여의게 되어 부모가 없이 할아버지인 양피공의 보살핌 속에 글과 무예를 익혔다는 견해도 있다. 더불어 원효는 청소년 시기부터 유교와 불교 그리고 도교에도 깊은 공부를 함께 했다는 견해도 있어 주목된다. 원효는 특히 불교에 심취했는데 자신이 태어날 때 돌아가신 어머니를 그리워하는 마음이 간절하여 생로병사의 굴레와 같은 인생의 고달픔을 떨치고자 더욱 불도를 찾고 그 진리에 기대고자 한 것은 아닌지 고민해 볼 점이다.

일설에는 원효가 13세의 무렵에 화랑 집단에 들어가서 나라를 위해 전쟁에 참가하기도 했는데, 그것은 할아버지인 양피공의 권유에 따른 것으로 알려져 있다. 그러나 분명한 근거는 보이지 않는다. 그리고 원효는 다시 황룡사 젊은 승려가 되어 수도에 정진하게 됐다고도 한다.

한편 「삼국유사」에서, 당(幢)이란 말이 '세속에서 털이라고 했다'고 하니 예사롭지 않다. 털이란 털끝 같은 세상의 한 끝일 수도 있고, 터럭같이 미미한 세상의 한 톨을 지칭하는 말일 수도 있으니 말이다. 원효의 부모는 이 세상이 어차피 티끌들이 모여 이루어진 진세(塵世)이므로 아들의 이름도 그렇게 지은 것일까.

어떻든 원효는 신라 선덕여왕 1년(632)에 16세의 나이로 출가했다는 설이 있다. 그것은 나이 십 세의 무렵에 출가한 것으로 표현된 「송고승전」의 기록과도 맥이 통하는 내용이다.

3일간의 사랑

요석공주도 과부였지만 그녀의 동생인 지소(智炤)도 과부였다. 무열왕은 즉위 이듬해인 655년에 지소를 60세나 되는 김유신에게 시집을 보냈다. 이는 그동안 김유신과 다진 우의를 더욱 굳히고자 한 것이다. 요석은 그 일을 보고 어떤 생각이었을까? 자신도 지아비를 얻고 싶었을 수도 있고, 공주라는 신분은 원치 않는 결혼도 할 수 있다는 것도 느꼈을 것이다.

당시 원효는 고승으로 나이는 30대 후반이었다. 그는 무슨 이유인지 사람들에게 이렇게 말했다.

"자루가 없는 도끼를 누가 준다면 하늘을 버틸 기둥을 내가 깎으리."

마치 한 편의 시와도 같은데, 도대체 그것이 무슨 뜻인지 아무도 알 수가 없었다. 이 말은 사람 사이를 떠돌다가 태종 무열왕의 귀에까지 들어갔다.

"스님이 어진 부인을 얻어 어진 자식을 낳고 싶어 하는구나!"

태종 무열왕은 신하에게 원효를 요석공주에게 데려다주라고 명하였다.

원효는 남산에서 수도 중이었다. 사람들이 그를 요석에게 데려가는데, 가던 중 문천교(蚊川橋)를 지나다 원효는 물에 빠지고 말았다. 일부러 빠졌다고도 하고, 데려가던 사람들이 빠트렸다고도 한다. 이는 미리 짜인 각본과도 같다. 요석을 만나면 자연스럽게 옷을 벗어야 하니 말이다. 그리하여 원효와 요석은 3일간 뜨거운 사랑을 나누었다.

그러나 그것이 다였다. 3일 뒤 원효는 요석궁을 나와 누더기 옷을 입고 호리병 하나를 찬 뒤 민중 속으로 들어가 무애가라는 노래를 부르며 다니기 시작했다. 그의 호리병에는 '일체 모든 것에 걸림이 없는 사람은, 한 길로 생사를 벗어난다'는 화엄경 글귀가 적혀 있었다. 당시만 해도 불교가 귀족적인 종교에 머물러 있었는데, 그는 대중들에게 나무아미타불을 염송시키고 널리 불교를 전파하기 시작한 것이다.

물론 귀족층에도 불교를 설파했으니 왕과 승려 앞에서 「금강삼매경론」을 강의하였고, 「십문화쟁론」과 「일승사상」 등을 짓기도 했다.

그러나 그는 일종의 파계승으로 여겨지기도 했다. 왕이 100명의 고승대덕을 초청하여 인왕경 대회를 열었을 때, 상주(湘州) 사람들이 원효를 추천했으나 다른 승려들이 원효를 인품이 나쁘다고 헐뜯어 받아들여지지 않았다.

그러나 얼마 뒤 왕후가 종기를 앓게 되었으며, 왕은 한 무당의 말을 듣고 중국으로 약을 구하기 위해 사신을 보내게 되었다. 그 사신의 일행이 탄 배가 바다 한가운데 이르렀을 때 갑자기 한 노인이 바다 속에서 솟아오르더니 사신들을 용궁으로 데려가는 것이었다. 용궁에는 검해(鈐海)라는 용왕이 있었다. 검해가 말했다.

"경들 나라의 왕비는 바로 청제(靑帝)의 셋째 공주요. 우리 용궁에는 일찍부터 「금강삼매경론」이 전하여 오는데 시각(始覺)과 본각(本覺)으로 되어 있소. 원만하게 열린 보살행을 설명하여 주는 불경이오. 신라 왕비의 병으로 인하여 좋은 인연을 삼아 이 불경이 당신들을 부른 것이오."

사신들이 그것을 받아들고 되돌아오니 원효는 「금강삼매경론」의 강해를 다시 시작하였다. 그의 강해에 숱한 백성들이 몰려들었고, 고승들조차 찬양을 마다하지 않았다. 원효는 그들에게 말했다.

"지난 날 나라에서 100개의 서까래를 구할 때에는 그 속에 끼일수도 없더니, 오늘 단 한 개의 대들보를 가로지르는 마당에서는 나 혼자 그 일을 하는구나."

이에 고승들이 모두 부끄러워하였다.

설총을 낳다

원효가 활동하는 동안 요석은 사내아이를 낳으니 설총이다. 그녀는 홀로 설총을 키웠다. 당시 원효는 분황사 근처의 민가에 거주하며 가끔씩 요석공주를 찾았다. 그런데, 요석이 설총을 낳은 곳이 요석궁이 아니라는 이야기가 전해지기도 한다. 지금의 경산군 자인면의 한 언덕에 원효가 지었다는 금당자리가 전해지고, 그 아래 골짜기가 설총이 출생한 곳으로 전해내려 오는 것이다. 원효가 자신을 소성거사(小性居士)라 하고 세상을 떠돌 때 요석공주가 그를 찾아다니곤 했으니 있을 수 있는 이야기다.

실제 원효가 머물렀다는 곳은 전국 방방곡곡에 많다. 그중 유명한 곳으로는 양산의 천성산 기슭과 소요산이다.

양산 천성산에는 원효가 수도를 했다는 반고굴이 있다. 반고굴 아랫마을 이름은 산막리인데, 이는 요석이 반고굴에서 수도하는 원효를 기다리며 움막을 치고 산 곳을 뜻한다. 요석공주는 원효가 멀리 떠돌지 않고 가까이에서 함께 하며 불법을 탐구해도 좋을 것이라고 여겼을 터이다. 물론 뜻한 부부애를 느끼며 아들을 양육하는 재미도 같이 느껴보고 싶었을 것이다.

또 경북 의성군 금성면에 있는 빙혈도 원효와 요석의 일화가 전해진다. 빙혈은 한여름에도 냉기가 있는 곳으로 원효가 속세를 잊고 수도에 정진하기 위해 찾아들었다. 그런데, 요석이 또 찾아와 기다렸다고 한다. 지아비를 그리는 요석의 정이 얼마나 깊은지를 넉넉히 짐작하고 남는다.

이곳들에 비한다면 소요산은 요석과 원효가 다시 합쳤을 것으로 여겨지는 이야기가 전해진다. 공주봉에 요석공주가 살던 별궁터가 남아 있으며, 근처에는 원효가 수도했다는 원효대도 있다. 또 원효가 오로지 수행에만 전념하던 자재암도 있다. 특히 자재암은 원효가 젊은 시절 수도를 하다가 깨달음을 얻은 곳으로 유명하다. 당시 관음보살이 어여쁜 여인으로 화신하여 원효를 실험하였으나 원효가 끝끝내 욕정을 참아내어 깨달음을 얻었다고 한다. 거리낌이 없다는 암자의 이름은 그래서 붙여진 것이다.

조선 허목(許穆, 1595~1682)이 지은 「소요산기」에는 원효폭포에서 서북쪽 80장 거리에 원효와 요석이 살던 곳이 있다고 하여 한때 그들이 이곳에서 부부로 살았을 가능성도 있다. 그러나 원효는 수도에 정진했을 것이며, 요석은 그의 근처에서 설총을 기르는데 최선을 다했을 것이다. 요석은 그저 원효의 근처에만 이라도 있기를 바랐던 것은 아닐까.

원효와 설총을 성공시킨 요석

원효는 45세이던 661년 의상과 함께 당나라 유학길에 올랐다. 그는 젊은 시절에도 유학을 시도했다가 고구려 땅에서 붙잡혀 첩자로 몰리는 바람에 실패한 적이 있었다. 그것이 마음에 걸려 결국 다시 유학을 떠나게 된 것이다.

당나라로 가는 배를 타기 위해 가다가 날이 저물어 남양만 근처에서 머물게 되었다. 잠을 자다가 너무 목이 말랐다. 손을 더듬어 보니 바가지가 있어 그것으로 근처에 고인 물을 떠 마셨다. 뭇맛이 기가 막힐 정도로 좋았다. 그런데, 아침에 일어나 보니 잠을 잔 곳은 무덤 속이었고, 전날에 해골로 물을 떠 마신 것이 아닌가. 이에 원효는 '모든 것은 마음에 달려 있다'는 진리를 크게 깨닫고 유학을 포기하였다. 그러나 의상은 유학을 떠났다.

그는 주로 분황사에 머물며 만물유심조(萬物唯心造)를 세상에 널리 펴나갔다. 말년에 이르러서는 다시 소요산으로 들어가 진속불이(眞俗不二, 참과 속이 둘이 아니다)의 사상을 완성해나갔다. 이후 원효는 671년(문무왕 11)에 행명사에서 「판비량론」을 저술하였고, 676년에는 신라인의 정신적 스승의 위치에 올랐다. 원효가 평생 저술한 양은 100여 부 240권이나 되었다고 하며 그중 현존하는 저술만도 20부 22권이다.

한편, 요석은 설총을 훌륭한 학자로 키워냈다. 설총은 대유학자가 되어 신라 십현(十賢)의 한 사람으로 꼽혔을 뿐 아니라, 한문을 우리말식으로 풀이하는 이두를 정리한 학자가 되었다. 특히 설총은 「화왕계(花王戒)」를 지어 임금들이 경계해야 할 것을 설파하였다.

원효와 설총이라는 당대 최고의 지성인 사이에서 요석은 자신의 본분을 다했다. 비록 남편은 수도를 위해 자신을 피하였으나 계속 그를 따라다니며 헌신적으로 뒷바라지를 했으며, 아울러 설총을 기르는 데에도 최선을 다했다. 어려움을 이겨내고 남편과 아들의 이름을 후세에 널리 알릴 수 있게 하였으니 요석의 삶 역시 성공적인 삶이었다고 평가할 수 있다.

요석 공주의 메시지

첫째, 절망보다는 희망을 모색하라. 요석 공주는 전쟁으로 남편을 잃은 김춘추의 둘째딸로 과부의 처지에서 새로운 배우자를 그리워했다. 그리고 고결하며 배포가 큰 원효가 '하늘을 떠받칠 기둥'을 깎고자 한다는 말에, 일종의 가능성을 느꼈고 부왕의 도움으로 원효를 마침내 새로운 지아비로 맞이했다.

둘째, 현실에 더욱 충실하라. 원효는 지극히 관념적이고 심원한 구도의 세계를 그리워했다. 하지만 요석 공주는 한 남자의 아내이자, 한 아기의 따뜻한 어머니로서 그 역할을 다하는 것이 진리에 가깝다는 것을 증명이라도 하려는 듯 원효를 뒤쫓아 다녔다. 따라서 원효가 승려뿐만이 아니라 아버지의 입장과 처지에 있음을 지독하게 각인시켰다. 그 결과 요석 공주는 소요산 자락에서 원효를 재회하고 일정한 타협에 따라 구도와 양육의 성공적 병행을 이끌어낸 것으로 짐작된다.

셋째, 끊임없이 목표를 향해 가라. 요석공주는 지독한 구도적 수행심에 젖어 끝없는 방랑행을 거듭하던 남편 원효를 거듭 쫓아다니며, 마침내 결함적 상태의 가정이 아닌 구도적 수행과 양육이 가능한 이상적 가정의 형태를 창조적으로 이끌어냈다. 이후 요석공주의 헌신적 뒷바라지는 단란한 가정의 소박한 행복에 그치지 않고, 남편과 아들로 하여금 새로운 신앙적 진리의 추구와 국가학술의 장애를 극복하게 하는 학문적 신방법론의 추구라는 거대 목표를 모두 이루게 하는 성공적 결과를 불러왔다.

백제 계선공주

역사에 묻힌 백제의 잔 다르크

무너져가는 백제의 마지막 공주 계선, 그녀는 무예와 신선술을 익혀

백제를 구하려고 김유신과 맞서 싸웠다. 비록 백제가 무너지면서

역사 속으로 묻히고 말았지만 김유신 후손가에 전해지는 일화 속에서

그녀가 얼마나 용맹했는지를 엿볼 수 있다. 김유신 군대와 싸웠으니

백제의 잔 다르크로 불러도 괜찮지 않을까.

계선공주는 백제 의자왕의 딸이다. 다른 공주와는 달리 무예와 신선술을 좋아했으니 김유신 후손가에 전해지는 「흥무왕연의」에 '계선은 어렸을 때부터 검술을 배워 신통하고, 남해의 여도사에게 신술(神術)을 배워 능통하였다'고 나온다. 그런데, 왜 하필 백제의 공주의 이야기가 김유신 후손가에 전해지는 걸까?

위기의 백제

이에 앞서 잠깐 당시의 백제의 상황을 잠깐 살펴보자.

어느 역사를 보더라도 화창한 햇빛을 받아 피어나는 꽃처럼 아름다운 번영의 시기가 있는가하면, 짙은 먹구름과 더불어 번뜩이는 벼락처럼 천지를 뒤흔드는 공포와 전율에 허덕이는 시기가 있다.

백제의 역사를 보면 성왕의 시기가 바로 그와 같은 영광과 공포가 뒤섞인 시기라 할 수 있다. 일찍이 6세기에 백제에는 '다시 강한 나라를 만들었다'는 평가를 받은 무령왕이 있었다. 이어 25대 왕으로 즉위한 성왕은 무령왕의 유업을 더욱 발전시키고자 애쓰던 무령왕의 장남이었다.

성왕은 고구려와의 대치상황에서 언제나 다부지게 맞서고자 했고 동남방의 신라와는 친선을 유지하여, 국정의 안정을 꾀했다. 그리고 553년의 음력 10월에는 자신의 사랑하는 공주를 신라의 진흥왕에게 시집보내기까지 했다. 당시 백제의 공주는 진흥왕의 소비가 되어 고국인 백제와 시댁이 된 신라왕실의 사이에서 우호 형성의 한 상징이 되었다고 볼 수 있다.

하지만 신라는 가야계였던 김무력을 중심으로 하는 신흥 무장 세력에 의해 백제가 되찾은 한강의 하류를 빼앗았다. 성왕이 곱디고운 공주를 신라왕실에 시집보낸 성의마저 무색하게 만든 대사건이

터진 셈이었다.

분노를 참지 못한 성왕은 자신의 왕자인 부여창으로 하여금 신라를 공격케 했는데, 성왕은 이내 조바심을 참지 못하고 몸소 군사를 이끌고 관산성으로 출정하였다. 그러나 신라 복병의 창검에 걸려 끝내 머리를 베이는 비참한 신세로 바뀌었고, 신라군은 성왕의 베어진 목을 서라벌에 있는 돌층계의 아래에 넣어 사람들로 하여금 밟고 지나다니게 했다고 하니 너무도 안타까운 일이었다.

비탄과 서글픔이 온 궁중에 가득한 상태에서, 부여창은 즉위했고 형제와 자매들을 불러 너무도 끔찍한 삶을 마감한 부왕의 영혼을 달랠 방안을 꾀했다. 그 결과는 성왕의 원혼을 달래며 새롭게 발전을 도모하는 상징을 담은 향로의 제작과 성왕을 부처의 자비로움으로 달래기 위한 사리감의 제작이었다고 파악된다.

당시 만들어진 사리감을 통해, 신라 왕실에 시집간 공주가 아닌 성왕의 또 다른 공주가 그 사리감을 만드는 일을 주관하여 마감했음을 알 수 있다. 사리감에 명문이 새겨있는데, '정해년에 매형과 공주가 사리를 공양하다'는 내용이 보이기 때문이다.

당시 사리를 공양한 공주의 이름은 전혀 알 수가 없다. 추정하건대 553년에 성왕이 신라 왕실에 우호를 다지고자 시집보낸 공주와 자매지간이었을 것으로 여겨질 뿐이다. 어떻든 새 임금으로 즉위한 부여창(위덕왕)의 누이 동생이며 성왕의 공주였던 왕녀는 자신의 남편과 함께 비통한 심경을 달래며 사리를 사리감에 넣어 바쳤던 것이다. 그 엄숙하고 서글픈 왕실행사는 567년에 이루어진 것으로 파악되고 있다.

계속되는 신라와의 불편한 관계

위덕왕을 지나 혜왕이 즉위했으나 그는 불과 즉위 2년째에 원인을 알 수 없는 비밀 속에 죽었고, 그 뒤를 이은 법왕은 600년에 왕흥사를 창건하고 세속 사람 30명을 스님으로 삼는 등 불교에 깊이 빠졌던 인물이었다. 거듭되는 국난의 위기 속에서 백제 왕실이 불력에 기대고 있었음을 짐작케 하는 대목이다.

그러나 법왕의 아들로 알려진 부여장이 새로 즉위하면서 백제는 다시 한 번 그 웅혼한 기백을 만천하에 떨쳤다. 터져 나오는 용암의 붉은 기운 같은 격렬한 군사 작전이 무왕 곧 부여장의 치세 초기부터 드러났기 때문이다. 무왕은 마치 성왕의 공주가 진흥왕의 소비가 되었음에도 신라가 백제와 맺었던 동맹을 깬 것을 복수라도 하려는 듯 몹시 거친 군사 작전으로 신라를 공격하고자 꾀했다. 그래서였을까. 무왕은 즉위 전에 신라의 선화공주를 자기 아내로 삼고, 마치 그녀를 인질로 삼은 듯이 여겨지는 인물로 헤아려진다. 그리고 즉위한 지 3년째 되던 해부터 신라를 본격적으로 압박하기 시작했다.

백제와 신라의 대립은 다시 한 치 앞을 바라보기 어려운 숨 가쁜 공방전의 양상으로 펼쳐졌다. 그리고 무왕의 뒤를 이은 의자왕은 더욱 신라를 공격하였는데, 즉위 2년째인 642년의 음력 7월에 친히 군사를 거느리고 미후성 등 40여 개에 이르는 신라 성을 빼앗는 대작전을 성공시켰다. 뿐인가. 백제군은 642년의 음력 8월에는 고구려와 연합하여 지금의 남양만 근처에 자리 잡은 신라의 당항성을 빼앗아 신라가 당으로 가는 서해거점을 무력화시켰다.

따라서 당시 선덕여왕은 사신을 당태종에게 보내 신라의 위급한 상황을 전달하도록 했다. 그리고 같은 달에 백제 장군 윤충이 이끄는 부대가 다시 신라의 대야성을 공격하여, 대야성 도독으로 있던 이찬 품석과 그의 아내인 고타소를 죽게 하는 사건이 거듭되었다. 자못 성난 들짐승처럼 신라를 압박하는 백제의 기세는 타오르는 불길 같은 양상이었다. 백제의 의자왕은 승세를 느끼면서 이듬해인 643년에는 고구려와 화친을 맺어 북방의 안정을 도모하는 지략을 드러내기까지 했다.

바야흐로 백제의 융성이 눈앞에 펼쳐지는 분위기 속에서 의자왕의 많은 왕자와 공주들이 새 시대의 주역으로 양육되고 있었다. 그 가운데 전설 속에서만 전해지는 공주가 있으니 바로 계선이었다.

김유신과 무예를 다투다

자, 다시 이야기를 처음으로 돌려서 도대체 계선이 왜 김유신 후손가에 전해지는가를 알아보자. 여기에는 한 가지 재미난 전설이 전해진다.

신라와 백제가 한창 전쟁 중이던 7세기 중반의 어느 날이었다. 김유신이 대군을 거느리고 백제를 공격할 것이라는 말을 들은 의자왕은 걱정이 태산 같았다. 이것을 본 계선 공주는 아버지를 위로시키며 말했다.

"그가 비록 귀신같은 장수라고 하지만 우리나라에도 용감한 군사들과 뛰어난 무기가 있습니다. 그러하니 걱정할 것이 못됩니다. 우선 제가 가서 한 번 그를 엿보고 오겠습니다."

의자왕은 공주의 이 같은 말에 깜짝 놀랐다. 그러나 공주는 무예도 출중하거니와 신통력도 있으므로 한번 믿어볼 만은 했다. 의자왕이 허락하니 계선은 까치로 변신하여 신라 땅으로 날아갔다.

김유신은 그때 경주 서북쪽에 있는 작은 산 근처에서 진지를 치고 있었다. 그런데 어디에선가 까치 한 마리가 날아오더니 김유신이 머물고 있는 막사 위 깃대에 앉는 것이 아닌가. 게다가 까치는 시끄럽게 울어댔다. 이를 본 신라 군사들은 좋지 못한 징조라며 수군거렸다. 그때 김유신이 긴 칼을 뽑더니 번개처럼 내리쳤다. 칼에 맞은 까치는 땅에 떨어지면서 공주로 변하였다. 김유신은 공주에게 말했다.

"그대의 재주로써 신라 군사를 탐정하려는 경솔한 짓을 말지어다. 우리 신라에는 그대와 같은 재주꾼은 허다하며 그대의 재주에 겁을 낼 자 한 사람도 없으니 곧 물러가라."

이에 계선은 물러갔다고 한다.

실패로 끝난 백제의 공격

여러 사료를 통해 볼 때, 의자왕의 강력한 신라 공격 작전은 김유신에 의해 번번이 제지당했던 점이 확인된다. 의자왕은 당연히 괴로웠을 터이다. 그런데 일제강점기의 신채호가 남긴 「조선상고사」에 따르면, 김유신은 의자왕에 의한 신라 압박이 거세지자, 거꾸로 아주 독특한 구상을 실천했다고 한다. 신채호는 저서인 「조선상고사」에서, 김유신이 명철하지 못한 백제 좌평 임자의 집에 신라의 부산현 현령이던 조미곤을 종으로 꾸며 들어가게 하고, 다시 무녀이자 첩자인 금화를 임자의 눈에 들게 하고는 백제 왕궁에 들여보냈다고 전하고 있다.

임자는 의자왕에게 금화를 그럴듯하게 소개했단다. 앞날의 화와 복은 물론 나라의 운명이 오래 갈 것인지 짧아질 것인지를 미리 아는 선녀라고 말이다. 임자의 말을 고스란히 받아들인다면 금화는 국가의 장래를 점치는 대예언가이자, 미모를 갖춘 여인이었음을 알 수 있다. 임자가 금화를 두고서 선녀라고 표현한 것은 외모가 신선 도가의 기풍이 넘치고 있던 미녀였음을 엿보게 한다.

그런데 「조선상고사」의 내용과는 달리 「홍무왕연의」를 보면, 백제 왕성에 미녀를 보내는 계책을 구체적으로 꾸민 당사자는 김유신이 아닌 김문영으로 밝혀져 있다. 그에 따르면 김문영이 김춘추에게 '우리가 여인과 악공을 백제왕에게 보내면 백제왕은 반드시 기뻐하며 정사를 돌보지 않을 것입니다.'라고 했단다. 그 말을 김춘추와 함께 듣고 있던 김유신이 '문영의 말이 정녕 내 뜻과 같다.'고 했다는 것이다. 결국 김문영과 김유신은 미인계를 통한 백제붕괴를 똑같이 구상했음을 알 수 있다.

그렇다면 김유신은 어떤 과정을 통해 신묘한 능력을 지닌 여인을 알게 되었고, 그녀에게 백제 멸망을 위한 음모를 맡길 수 있었을까. 하지만 금화가 어떻게 해서 김유신의 눈에 띄었고, 위험천만한 백제 멸망의 음모에 참여하게 됐는지는 알 수 없다. 다만 「삼국유사」의 '기이 제1'의 '김유신'부분은 한 실마리를 느끼게 한다. 김유신이 나이 18세(대략 612년경)에 고구려에서 들어온 첩자 백석에게 꾀여 북으로 가던 길에, 갑자기 나타난 세 여인에 관한 일화가 그에 해당한다. 세 여인은 김유신에게 백석을 떼어놓고, 숲에서 신의 모습으로 바뀌어 '적국 사람이 그대를 유인해 가고 있는데도 모르고 가고 있으므로 우리가 그대를 가지 못하게 하려고' 나타났다고 했단다.

일화를 소개한 일연과 그 제자였던 무극 등 고려 후기의 「삼국유사」 편찬자들은 그 세 여인을 내림(奈林, 지금의 경주 남산)과 혈례

(穴禮, 지금의 부산), 그리고 골화(骨火, 지금의 경북 영천의 금강산)의 세 산신이었던 것처럼 전했다. 하지만 신라 당시 선가적 기풍을 지녔던 원화 따위의 산중 여성 집단이 벌인 김유신 구조 활동으로 짐작된다. 따라서 김유신이 백제의 거듭된 압박 작전을 뿌리 채 무너뜨릴 계책으로 원화와 같은 산중 여성 수도 집단에 자문을 얻어 다양한 식견은 물론 아름다운 외양을 갖춘 한 용감한 여성을 추천받아 마침내 백제에 먼저 잠입시킨 조미곤을 통해 좌평 임자를 거쳐 의자왕에게 보낸 것으로 추정된다. 그러한 추정이 합리적이라면 김유신이 보낸 금화는 조국 신라의 안위를 백제로부터 지켜내기 위해 적진 깊숙이 특파된 특무여성공작원이었음이 분명하다. 물론 백제의 입장에서는 금화야말로 국가 멸망의 불씨가 되어 잠입한 망국의 마녀에 지나지 않았겠지만.

역사 속에 묻힌 여전사

「동경잡기」에 의하면 신라인들은 백제 공주를 위해 사당을 지었으며, 그때부터 그 산을 까치 작 자를 써서 작원(鵲院) 또는 작성(鵲城)이라고 부르게 되었다고 한다.

「흥무왕연의」에는 '항상 쇠 바구니 수십 개에 강한 활과 날카로운 칼을 넣고 신장이라는 이름을 써서 붙인 뒤, 물러나 주문을 두어 번 외면 병기가 저절로 움직여서 첩첩으로 둘러싸고 충돌하니 자용병기(自勇兵器)라 불렀다'는 내용이 나오는데, 계선이 그만큼 무예가 출중했다는 의미로 해석할 수 있다.

흥미로운 것은 의자왕이 공주를 계양공주(桂陽公主)에 봉했다고 하는데, 이는 아마도 공주가 고구려 서천왕(재위, 270~292)의 딸에 못지않았다는 것을 의미하는 것 같다. 1909년에 발굴된 「배씨

세덕록」에 의하면 서천왕의 딸은 계양공주로 한림학사 배유번(裴維蕃)에게 시집을 와서 남해에서 무예와 신통력을 전파했다고 기록되어 있다. 계선 역시 남해에서 여도사에게 무예와 신통력을 배웠으니 계양공주라고 한 모양이다.

어떻든 여러 기록을 종합해 볼 때, 계선공주는 무예를 익히고 신선의 세계를 탐구하며 활달하게 지냈음을 알 수가 있다. 또한 공주는 무기에 대해서도 상당한 지식이 있었다.

공주는 어지러운 시대에 왕실에서 태어난 까닭에 어려서부터 다양한 호국 활동을 하였음이 틀림없다. 당시 호국 사찰은 오합사(烏合寺)와 왕흥사(王興寺)가 유명한데, 공주는 그곳에 가 국가부흥을 염원했을 것이다. 왕흥사는 577년에 위덕왕이 죽은 왕자를 위하여 세웠고, 오합사는 법왕이 전쟁에 참여했던 사람들의 원혼들이 불계(佛界)에 오르기를 바라며 세웠으니 두 사찰은 소원을 비는 원찰(願刹)의 성격을 지닌다.

또한 전통 문화를 지키는 소도(蘇塗)도 찾아다녔을 것으로 생각된다. 소도는 천신을 제사지내던 곳으로, 특별 장소를 설치하고 제사를 지내 질병과 재앙이 없기를 빌었다. 오늘날에도 솟대라고 하여 그때의 흔적이 남아 있다. 한 가지 흥미로운 것은 죄를 지었어도 소도로 도망가면 잡지 못하였다. 그만큼 소도는 국법도 미치지 못하는 신성한 곳으로 여겼던 것이다.

공주는 절과 소도 등을 찾아다니며 호국의 정신을 더욱 굳건하게 하였을 것이다. 그러나 패전국의 공주인 까닭에 김유신 후손가에 단 몇 줄로 기록되었을 뿐이다. 더구나 그것도 김유신의 용맹함과 지혜, 그리고 장부다움만을 더 높여준 채로 말이다.

김유신은 계선을 보내며 이렇게 한 마디 더 덧붙였다.

"내 장부로서 어찌 너를 남모르게 죽이겠는가? 만약 다시 전날의 뜻을 펴고자 하면 그때 너를 베어도 늦지 않을 것이다."

　민간에는 일본으로 망명하였다는 이야기도 있지만 계선공주가 어떻게 죽었는지는 기록이 없어 알 수가 없다. 백제가 그 위기를 극복하고 꿋꿋하게 유지해나갔다면 그녀는 아마 백년전쟁에서 위기에 놓인 프랑스를 구해낸 잔 다르크(1412~1431) 못지않은 여전사로 역사에 기록되었을 것이 분명하다.

계선 공주의 메시지

　첫째, 새로운 길을 끊임없이 모색해라. 부여계선은 백제의 공주라는 프리미엄에 머무르지 않고 자신이 잘하는 분야에 온 몸을 던지는 열정으로 전혀 새로운 길을 찾아 나섰다. 부여계선은 어렸을 때에는 검술을 익혀 신통한 경지에 이르렀고, 이어 남해의 여도사를 찾아가서 신술을 배운 적극적 여성이었다. 모든 게 부왕인 백제 의자왕의 허락으로 가능했던 일이었겠으나, 무엇보다 계선 공주가 자기주도적인 학습 태도를 지닌 맹렬여성이었던 점이 바탕이 되었다고 여겨진다.

　따라서 훌륭한 여성무인으로 성장한 계선 공주는 위기를 맞아 고민에 빠진 부왕에게 군사 참모의 성격을 지니고서 신라 최고의 지휘관에 관한 동정과 적정을 살피고자 장거리 침투 임무를 자원하기까지 했던 것이었다. 더욱이 「동경잡기」를 곱씹어 읽어보면 부여 계선 공주가 김유신에 맞서 일대일 접전도 불사한 것으로도 풀이되어 그녀의 비범한 용감성을 읽을 수 있다.

둘째, 김유신은 원화의 전통과 연관되는 산중 여성 수행 집단의 도움을 받아 용감한 금화를 알게 되었다. 김유신은 금화에게 백제왕궁 내로 잠입하여 마침내 백제의 멸망을 재촉케 했고, 금화는 그러한 밀명에 죽음에 이르기까지 최선을 다하였던 여성이었다고 평가할 수 있다. 금화가 그토록 죽음을 마다치 않고 임무에 충실한 근본적 원인은 분명치 않으나, 국가 위기에 삶을 초개와 같이 버려 불태운 점은 계선 공주에 뒤지지 않는 호국적 열정의 소산이었다고 평가할 수 있다.

셋째, 백제 의자왕의 왕비였던 은고는 왕궁 안에서 암약하던 금화 등의 불순 세력에 의해 심화되는 위기 속에서 태자를 교체시키고 충직한 중신들을 지휘하며 당찬 정치력으로 위난을 벗어나고자 최선을 다한 열혈 여성 정치가의 전형이었다.

넷째, 위와 같은 여성들은 21세기 현대에도 우리에게 많은 것을 전해준다. 끝없는 경쟁이 펼쳐지는 21세기의 능력 검증 상황에서 어쩌면 계선과 금화 그리고 은고의 대담하고 철저하며 적극적인 열정이 가장 필요할 것이다.

당나라 문성공주

티베트의 신이 된 여인

머나먼 티베트의 토번왕국으로 시집을 간 당나라 문성공주,

그녀는 새로운 곳에서 중국의 앞선 문화와 기술, 그리고 불심을 전달해

티베트의 영원한 국모가 되었다. 비록 정치적으로 이루어진

정략결혼이었으나 지혜와 넓은 마음으로 자신의 길을 뚜렷하게 걸어가

티베트의 발전에 큰 족적을 남겼던 것이다.

문성공주는 당태종의 양녀다. 비록 친딸은 아니지만 당태종은 공주를 매우 예뻐했으며, 다른 이들도 공주로서 대접했다. 그런데, 어느 날 토번왕 송찬간포(松贊幹布)가 당태종에서 동맹을 맺자며 당나라 공주와 혼인시켜달라는 요청을 해왔다. 당태종은 변방의 하찮은 국왕이 그런 무례한 요청을 해오자 화가 나 거절했다.

뜻하지 않은 혼담

송찬간포의 명을 받들고 온 사신은 순간 걱정이 밀려왔다. 송찬간포에게 당태종과의 혼인 동맹은 매우 중요한 사항이었는데, 임무를 제대로 수행하지 못하여 문책당할 것이 뻔했던 것이다. 송찬간포가 당나라 공주와 혼인을 하려는 것은 서로 우호관계를 맺고 앞선 문물을 들여오기 위한 것이었다.

사신은 토번으로 돌아가 송찬간포에게 말했다.

"당나라 천자는 공주를 우리에게 시집보내려고 하는데, 마침 토곡혼(吐谷渾)의 왕도 혼인을 바라고 있어 우리와의 혼사를 늦추고 있습니다."

사신의 거짓말에 화가 잔뜩 난 송찬간포는 20만 대군을 직접 이끌고 토곡혼을 공격하니, 토곡혼 왕은 엄청난 토번의 군대를 보고 놀라 환해(環海) 지역으로 도주하기에 바빴다.

이어 송찬간포는 당나라와의 접경 지역으로 군대를 이끌고 가 다시 당나라로 사신을 보냈다. 사신이 송찬간포의 서신을 전달하니 당태종은 불같이 화를 냈다. 서신에는 공주와 혼인을 시켜주지 않으면 당장 쳐들어간다는 내용이 적혀 있었던 것이다. 당 태종은 즉시 군대를 보냈다.

본래 당나라와의 전쟁을 원치 않았던 송찬간포는 고민에 빠지고 말았다. 당제국의 위세를 처음부터 대수롭지 않게 판단한 경솔함이 문제였다. 이러지도 저러지도 못하는 상황에서 송찬간포는 마침내 당나라 토벌군을 맞았고 결국 패배하고 말았다. 송찬간포는 위기를 벗어날 요량으로 당나라에 신하의 예를 갖춰 사죄를 표했고, 황금 5000량과 진귀한 보물들을 바쳤다. 그리고는 다시 한 번 자신과 당나라 공주와의 혼인 문제를 제기했다.

신하의 예를 갖춘 것이 통하였던가. 마침내 당태종은 토번왕에게 공주를 시집보내기로 마음먹었다. 여기에는 변경 지역에서 발생할 수 있는 군사적인 동요를 막자는 데에 더 큰 목적이 숨어 있었다.

"그런데, 누굴 보낸담?"

당태종은 다시 고민에 빠졌다. 토번은 머나먼 변방으로 공주를 시집보내는 것은 곧 생이별과도 같기 때문이다. 그래서 생각해낸 것이 양녀인 문성공주였다. 문성은 비록 친딸은 아니지만 아름답고 총명하기로 소문이 난 여인이었다.

그런데, 당태종이 공주를 시집보내게 된 것은 토번국 사신 녹동찬(綠東贊)의 지혜였다고 한다. 당시 당나라 공주와 혼인을 하겠다는 나라가 여러 나라가 되어 당태종이 각국 사신들에게 다섯 개의 문제를 내고 다 맞힌 나라에게 윤허한다는 명령을 내렸는데, 녹동찬이 모두 해결했다는 것이다.

첫 번째 문제는 아주 가느다란 실을 가지고 구멍이 무려 아홉 개나 뚫린 명주에 꿰어보라는 것이었다. 녹동찬은 실을 개미허리에 매었는데, 개미가 명주 구멍 속으로 들어가 모두 꿰었다. 두 번째는 100필에 이르는 어미 말과 100필에 이르는 망아지를 함께 놓아두고서 어떤 망아지가 어떤 말의 새끼인지를 가려내라는 것이었다. 녹동찬은 하루 동안 어미 말과 망아지를 가려놓은 뒤에 망아지들에게만 사료와 물을 주지 않았다. 그리고 다음날이 그들을 함께 놓아두자 배가 고픈 망아지들이 모두 자기의 어미에게로 찾아가서 젖을 빨아대는 게 아닌가. 셋째, 넷째 문제를 맞히고 난 뒤 마지막 문제는 2500명에 이르는 젊고 아름다운 여인들 중에서 문성공주를 찾아내라는 것이었는데, 이도 무난히 찾아냈다고 한다.

문성공주를 보낸 까닭은?

우여곡절 속에 결국 문성공주는 토번왕에게 시집을 갈 운명에 처했다. 공주는 마음이 착잡해졌다. 문성공주는 사실 당 태종의 양녀였다. 그녀는 어릴 때부터 당 태종과 장손황후의 양녀로 궁궐에 들어가 깊은 사랑을 받았고, 문성공주로 봉해졌던 터였다. 따라서 그녀는 공주라기보다는 한 왕실녀이자 종실녀의 개념에 가까운 왕실 여성이었다. 그러나 당태종과 황후는 물론 모든 황실 사람들은 그녀를 분명한 공주로서 예우했고, 기록에도 문성공주라는 표현은 뚜렷하다.

당 태종은 그런 문성공주를 위해서 대규모 혼수품을 마련해 주었다. 각종 가구와 그릇, 진귀한 패물, 화려한 비단은 물론, 역사서와 문학작품, 기술관련 서적, 의약품과 곡물 등이었다. 또한 25명의 시녀와 악대, 기술자들을 함께 딸려 보냈다. 이렇게 많은 혼수품을 보낸 것은 단지 문성공주만을 위한다기보다는 토번에 당나라의 문물을 전해주고자 함이었다.

한편 서쪽 변경의 토번왕국은 당시에 당을 위협했던 사례를 통해 알 수 있듯이 강성한 군사국가의 성격을 지니고 있었다. 따라서 당 태종은 토번왕국이 군사국가가 아닌 부드러운 문화국가의 이미지로 바꾸어 자신이 꿈꾸는 천하의 경영에 토번왕국이 말썽을 일으키지 않길 바랐다. 그런 의도로 문성공주를 송찬간포의 왕비가 되게 하면서 토번왕국 내의 분위기도 평화와 문화적인 취향이 흐르는 곳으로 바꾸어지길 기대했던 모양이다.

따라서 당태종은 토번을 비롯한 변방을 안정시키기 위해서 그들과 어떤 경로를 통하든 경제 또는 문화적 협조가 필요하다고 판단하였다. 그래서 그들을 융화시키기 위한 목적으로 문성공주와 함께 대규모 문화사절단을 보내기로 하였다.

문성공주는 실제로 그 같은 당태종의 외교적 의도를 실현시키기 위한 중대한 정치적 임무를 지니고 시집을 가게 된 것이었다. 그리하여 문성공주는 중국 역사상 화친의 임무를 띠고 이역 땅으로 시집간 여인으로 기록되기에 이르렀다.

화려하지만 애잔한 혼인행렬

마침내 641년 문성공주는 많은 사람들을 거느리고 토번으로 향했다. 3천km나 되는 먼 길이므로 무려 한 달이나 걸렸다. 송찬간포는 청해(青海)까지 가서 많은 백성들과 함께 문성공주를 맞이했다. 왕은 문성공주를 모시고 온 예부상서 이도종에게 사위의 예를 표하고 찰릉호란 곳에서 성대한 영친(迎親) 의식을 치렀다. 그 뒤 라싸 도성에서 결혼식이 거행되니 송찬간포는 당태종 내려준 화려한 예복을 입고 당나라 예식으로 혼례를 치렀다.

그런데 청해에는 문성공주에 얽힌 전설이 전한다. 공주 일행이 청해에 가까웠을 때 어느 산을 지나는데, 공주가 서쪽을 바라보며 하염없이 고향 생각에 잠긴 적이 있다. 훗날 당태종이 그 소식을 듣고 공주를 달래주기 위해 황금으로 일월보경이라는 거울을 만들어 보냈다. 그래서 그 산 이름을 일월산이라고 한단다.

한편 일월산을 지나면 도류하(倒流河)라는 강이 나온다. 이 강은 청해로 들어가는 강으로, 강을 건너면 길이 험해져 말을 타고 가야 한다. 공주가 강을 건너간 뒤 말에 오르니 고향에서 더욱 멀어지는 느낌이 드는 것이 아닌가. 이에 공주는 서럽게 울었다. 그 뒤로 다른 강들은 모두 동쪽으로 흐르나 이 강만은 서쪽으로 흐른다는 것이다. 이런 전설들은 모두 공주의 애잔한 아픔에서 비롯된 이야기이다.

티베트에 선진문화와 기술을 전하다

라싸의 여주인이 된 문성공주는 그 후부터 당나라의 앞선 문화와 기술을 토번왕국에 전하는 데에 최선을 다했다. 야금술은 물론, 농기구 제조, 방직, 건축, 도자기, 방아와 같은 기술은 물론 술 빚는 법과, 제지 기술 따위 등이 그때 전해진 기술들이다. 특히 토번은 급류가 많은 곳이라 공주는 곳곳에 물레방아를 설치하여 곡식을 빻도록 하였으며, 여인들에게는 실과 옷감을 짜는 법과 자수도 전해주었다. 그 기술은 오늘날에도 이어져 티베트 여인들이 짜는 푸루, 융단, 모전(毛氈) 등에 남아 있다.

문성공주는 또한 천문과 역법을 전했는데, 티베트 지역에서 사용하는 장력(藏曆)에 십이지간과 육십갑자를 표시하여 음력을 도입했다. 악기 등을 전해 초원 음악과 당 음악이 조화를 이루도록 하였다. 지금도 당시에 가져온 악기가 문성공주를 위해 지은 대소사(大

昭寺)에 50여 점 남아 있다. 대부분이 현악기로 아직까지도 그 색채가 선명하고 아름다운 보물들이다.

독실한 불교신자였던 문성공주의 활동은 신앙 면에서도 남달랐다. 문성공주는 애초에 혼인길에 나서면서 구리로 만든 불상을 지닐 만큼 불심이 깊었다. 문성공주는 남편이자 국왕인 송찬간포에게 불교 이념이 정치적 활동에 유용한 수단이 될 수 있음을 일깨운 측면이 엿보인다. 당시 토번왕국에는 토번왕국 전래의 토속신앙인 분교가 자리하고 있었다. 그런 상황에서 문성공주는 송찬간포에게 자비심을 강조하는 불교의 교의를 정치에 활용하면 백성들이 더욱 포용심 강한 신앙적 아늑함에 빠져들어 백성들을 평화적으로 다스릴 수 있었음을 잘 알고 있었다. 더욱이 잘 갖추어진 불교 이념 가운데 국왕은 부처와도 같을 수 있으며, 그에 따라 왕권을 더욱 공고히 할 수 있다는 왕권신수의 사상은 주목할 만하다. 문성공주는 그 같은 불교적 사상을 빌어서 토번왕국 최고 통치자인 찬보의 권위를 굳히도록 하였다.

불교는 왕권을 강화시키자는 의미를 지니고 있었으므로 송찬간포도 대대적인 불사를 시작했다. 라싸 안에 지은 대소사를 비롯해 모두 400여 개의 사찰을 건립했고, 불상도 많이 조성하였다.

특히 대소사에는 문성공주가 가져온 불상이 봉안되어 있으며, 문성공주가 심었다는 버드나무가 절 입구에 남아 있다. 버드나무는 당류(唐柳) 또는 공주류(公主柳)라고 한다.

대소사를 지을 때 무슨 일인지 담장이 계속 허물어진 적이 있다. 문성공주가 곰곰이 생각해보니 도성이 자리한 라싸의 지형이 마치 나찰마녀가 누워 있는 형상이었다. 공주는 나찰마녀의 심장 부위에 해당하는 지점에 절을 지어 심장을 눌러야만 절이 온전하게 지어질 수 있다고 여기고, 살펴보니 진흙 구덩이가 아닌가. 문성공주는 그 사실을 왕에게 말할 수밖에 없었다. 이에 왕은 진흙구덩이를 모두 흙으로 메우고 다시 절을 지으니 아무런 일이 일어나지 않았다.

646년 대소사가 완공된 뒤 2년 후에는 소소사를 지었다. 소소사는 당나라 양식을 그대로 보여주는 사찰이다. 이러한 대규모 불사를 통해 토번은 관음신앙의 이상국이 되었고, 일약 불교국가로 도약했다.

송찬간포는 문성공주를 위해 궁을 지어주니 현재도 그 위용을 자랑하는 포탈라궁이 그것이다. 본전은 무려 13층에 이르고, 길이는 117m이며, 점유 면적은 36만여 제곱미터에 달한다. 지금 전하는 궁궐은 비록 17세기에 두 번에 걸쳐 증축한 것이긴 하지만, 애초에 세운 궁궐의 규모를 넉넉히 짐작할 수 있다. 특히 내부에 많은 벽화가 그려져 있어 그 가치를 더한다. 녹동찬이 당태종을 앞에서 문제를 푸는 장면, 문성공주가 토번왕국으로 들어가는 도중에 겪은 일화, 그리고 라싸의 도성에 이르렀을 때 백성들로부터 열렬히 환영을 받는 광경 등이 고스란히 남아 있다.

티베트의 영원한 국모가 되다

문화와 기술을 전하고, 많은 절을 지었으며, 포탈라궁까지 조성한 것이 3년 내에 모두 이루어졌으니 대단하기만 하다. 모두 1000간의 궁실로 이루어져 있는 포탈라궁은 화려하고 웅장하기 이를 데 없는 장엄한 궁궐로 지금 남아 있는 라싸의 궁궐 건물로도 짐작할 수 있다. 지금 전하는 궁궐은 비록 17세기에 두 번에 걸쳐 증축한 것이긴 하지만, 애초에 세운 궁궐의 규모를 넉넉히 짐작할 수 있다. 본전의 높이는 무려 13층에 이르고, 그 길이는 117미터이며, 점유 면적은 36만여 제곱미터에 달한다. 또한 포탈라궁 내부의 많은 벽면에는 소중한 벽화가 그려져 있어 주목할 만하다. 그 벽면에는 녹동찬이 당나라 황제인 태종을 만나 다섯 개의 문제를 풀던 일화는 물론, 문성공주가 토번왕국으로 들어가는 도중에 겪은 일화 그리고 라싸의 도성에 이르렀을 때 백성들로부터 받은 열렬한 환영의 광경 따위가 고스란히 그려져 있어 문화사적 가치를 지니고 있기도 하다.

그러나 결혼한 지 3년 만에 송찬간포가 서거했다. 문성은 이후 왕비로서의 체모를 지키며 살았다. 그녀는 680년에 죽었다.

티베트 사람들은 이후 두 개의 기념일을 제정하여 문성공주를 기리고 있다. 하나는 장력 4월 15일의 '사허다와절(沙喝達瓦節)'로 문성공주가 라싸의 도성에 도착한 날이며, 다른 하나는 장력 10월 15일로 문성공주 탄신일이다.

티베트에는 문성공주에 관한 많은 희극이 아직도 남아 있어 그녀의 위대성이 재창조되고 있다. 민간에는 문성공주에 관한 아름다운 시가와 전설이 매우 많이 전해지며, 문성공주가 지나갔던 곳은 성스러운 장소로 삼는다. 그녀가 티베트에 얼마나 많은 영향을 끼쳤는지를 알 수 있는 대목이다. 비록 정략적으로 결혼한 그녀였지만 모든 것을 감내하며 티베트에 문화의 참된 가치를 전파하고 종교적 사원을 세워 남편의 국정에 권위를 지니게 하는 등 현명하고 적극적인 삶을 펼쳤던 인물로 기억할 만하다. 그런 까닭에 그녀는 오늘날 라마교의 존상으로까지 모셔진다.

문성 공주의 메시지

첫째, 피할 수 없는 운명이라면 즐겨라. 문성공주는 본래 당나라 황제의 친딸이 아닌 양녀로 궁궐에서 성장했다. 따라서 그녀는 진짜 공주가 아니라서 토번국왕의 요청에 따라 화친 외교의 한 거래대상으로 토번국에 시집을 간 것이기도 했다. 그러나 문성공주는 어차피 피할 수 없는 혼인길이라면 도리어 잘 준비하여 성공하는 혼인이 되게 할 요량으로 혼인준비에 최선을 다했다. 혼수품에 구리로 만든 불상을 챙겨 넣은 그녀는 부처의 넓은 자비심을 무엇보다 소중하게 여겼던 것으로 짐작된다. 누구든지 따뜻한 마음으로 품겠다는 그녀의 수용적이면서 포괄적인 인간관이 엿보인다. 어쩌면 누구와도 친해야만 생존할 수 있을 것만 같은 이방 공주의 절박한 처지를 스스로 직감한 결과였을 터이다.

둘째, 뚜렷한 목적을 가져라. 문성공주는 토번국왕인 송찬칸포의 왕비가 되었지만 결코 왕비의 신분에 머물러 자신의 권위에만 취하진 않았다. 그녀는 자신을 따라 토번국에 정착한 당나라인들을 움직여 토번국 사람들에게 금속 관련 생산 기술, 농기구 제작 기술, 방아나 술을 만드는 기술, 종이를 만드는 기술 등 온갖 기술을 전파하도록 독려하고 토번국이 실질적으로 발전하도록 열정을 다하였다. 그것은 토번국이 군사력을 갖춘 침략 국가로 성장하기보다 농경적 생산국가의 모습으로 바뀌길 기대했던 당나라 황제의 속내와도 통하는 문화전파이기도 했다.

셋째, 먼저 실천하라. 문성공주는 자신이 당나라 황실의 공주 신분이었음에도 그 프리미엄에 갇혀 오만하질 않고, 자신을 뒤따라 토번에 정착한 시녀들을 이끌고 몸소 옷감을 짜는 기술을 토번국 사람들에게 가르쳤다. 지시하고 지휘하는 지도자로 머물지 않고, 묵묵히 실천으로 모범을 보이며 인간적 관계망을 넓히는 지도자의 인상을 남겼던 것이다.

넷째, 미래를 꿈꾸게 하라. 문성공주는 그저 생산 기술의 전파행위만으로 토번국 사람들의 환심을 산 것이 아니었다. 토번사람들에게 천문과 역법 등 고도의 과학기술까지 전수했고, 거대 사찰을 지어 따뜻한 불심으로 너그러운 미덕을 퍼지게 하여 토번국의 사람들로 하여금 보다 거시적인 차원의 세계관과 자비로운 심성을 지니게 하였다. 그것은 토번사회에 미래사회에 관한 건설적인 고민은 물론, 깊은 신앙의 덕성이 넘쳐나게 하는 효과를 불렀을 것이다. 결국 문성공주는 초원 지역으로 시집을 가서 중원의 당문화와 초원의 토번문화를 원만하게 뒤섞이게 하여 건설적인 문화 융합을 이끈 참된 여성 지도자였던 셈이었다.

발해 정효공주

백성들의 모범이 된 공주

1980년 중국 지린성 허룽현에 있는 룽터우 산에서 놀라운 무덤이
발견되었다. 무덤의 주인공이 발해의 공주이며, 발해에서 공주를
어떻게 교육시켰는지를 알 수 있는 묘지석이 나온 것이다.
전혀 전해지지 않던 발해 공주들은 과연 어떻게 살았는지, 묘지석에 적힌
내용을 토대로 추적해 보자.

발해국 문왕 22년인 757년 네 번째 공주가 태어났으니 정효(貞孝)다. 어려서부터 유순하였으며, 용모도 뛰어나 옥과 같은 나무에 핀 꽃처럼 아름다웠다. 또한 품성이 뛰어나고 고결하여 곤륜산 높은 봉우리의 아름다운 옥처럼 부드럽고도 온화했다.

여기에서 잠시 당시 발해의 상황을 살펴보기로 하자. 왜냐하면 그 때의 정치상황이 정효 공주의 삶에 어떤 영향을 미쳤는지를 알 수 있기 때문이다.

발해의 고민

대조영이 고구려가 멸망하고 꼭 30년이 지나서 새 나라를 세웠으니 발해다. 그가 천문령 전투 등 고통어린 위기를 넘고 넘어 새 터를 이룬 곳은 지금 연변의 땅에 있는 동모산 자락이었다. 하지만 대조영의 건국은 그 자체로 끝은 아니었다. 당나라의 집요한 압박은 남쪽 신라를 부추겨 날카로운 대립각을 세우게 했고, 북방의 흑수말갈 따위의 유목형 족속 또한 그 위세가 자못 예사롭지 않았다. 따라서 발해의 왕실 가족은 국가를 어떻게 운영해야 할 것인가에 관해 끝없는 고민의 밤을 지새워야 했다.

결국 발해는 머나먼 일본과는 우호적인 관계를 꾀하고 이웃한 흑수말갈 등과도 친분을 유지하는 방향을 선택했다. 그러나 뜻대로 되질 않았다. 당나라 황실은 발해의 그 같은 절박한 국제관계를 읽고서 마침내 흑수말갈로 하여금 발해를 위협하게 하였고, 끝내는 군사적인 대립을 조장했다.

대조영을 뒤이어 즉위한 무왕은 이마의 미간을 찌푸리며 무슨 생각을 했을까. 그는 어설픈 우호 정책보다는 거친 강공책을 쓰기로 했다. 우선 수군 부대를 잘 지휘할 수 있는 무장으로 장문휴를 발탁

하였다. 무왕은 장문휴로 하여금 당나라의 동해 연변에 자리한 최대 무역기지인 등주를 공격하게 하였다. 작전은 기민하게 움직인 발해 수군 부대의 대승리로 마감되었다. 자사 벼슬로 있던 당나라의 위준이 머리가 잘리는 사태가 발생했다고 하니, 당시 발해 군사들의 드센 공격이 어떠했는지를 짐작할 수 있다.

무왕의 강공책은 뒤이어 등주보다 동북방에 자리한 당나라의 변경 군사 거점인 마도산을 치는 것으로 거듭됐다. 당시 발해군을 막고자 당나라 군사들은 비지땀을 흘리며 긴급하게 석축보루들을 곳곳에 설치한 흔적이 지금도 남아 있다고 한다. 당나라 군사들이 발해 공격부대에 얼마나 긴장을 했던가를 알 수 있는 대목이다.

그렇게 세월은 흘렀고, 결국 당나라는 발해를 군사적으로 제압하려는 생각을 접었다. 따라서 무왕의 뒤를 이은 문왕도 당나라에 그다지 날선 태도를 드러내지 않았다. 도리어 유례없는 친당 정책을 펼치는 유화적 제스처를 드러냈다. 바로 그 같은 시절에 그의 왕실에는 그의 소중한 네 공주가 자라고 있었다. 전쟁의 참화가 왕성 밖에서 피어날 때 네 아리따운 공주는 마치 온실 속의 꽃봉오리들처럼 자라고 있었다.

공주에 대한 교육

공주는 어릴 때부터 여사(女師)에게서 가르침을 받았는데, 이는 언니들도 마찬가지였다. 그녀는 선생님의 영향을 많이 받아 여사처럼 되는 것이 꿈이었다. 당시 공주들은 다양한 과목을 배웠는데, 6행과 3종이 그것이다. 6행(行)은 효(孝), 우(友), 목(睦), 인(姻), 임(任), 휼(恤)이며, 3종(從)이란 시집가기 전에는 아버지를 따르고, 시집가서는 남편을 따르고, 남편이 죽으면 아들을 따른다는 것으로 유학적 덕목이다.

그녀는 퉁소를 잘 불었는데, 마치 한 쌍의 봉황새가 노래하는 것 같았다. 또 아무도 없는 방에서 혼자 춤을 추는 것을 좋아해 비문에는 '춤을 출 때면 거울 속에 비친 그림자가 마치 한 쌍의 난조(鸞鳥)와 같았다'고 기록하고 있다. 난조는 세상이 태평해질 때 나타나는 새로 오색 빛깔이고, 다섯 가지 음률로 노래를 한다는 상서로운 새다.

정효는 공주 교육을 마친 뒤 배필을 만나니 중경현덕부의 관료다. 한(漢) 원제의 딸 경무(敬武) 공주처럼 아름다운 곳에서 살았고, 한 고조의 딸 노원(魯元) 공주처럼 훌륭한 가문에서 생활하였다는 기록으로 보아 명문대가로 시집을 간 것은 분명하나 남편이 누구인지는 정확하지 않다. 다만 금슬은 좋아서 큰 거문고와 작은 거문고 같았다고 한다.

그러나 공주는 불행했다. 남편이 일찍 죽고 만 것이다. 게다가 어린 딸도 죽으니 공주는 졸지에 홀로 남게 되었다. 그런데, 대체 가족들이 이렇게 일찍 죽은 원인은 무엇일까? 당시는 왕실에 권력투쟁이 심하던 때로 정변이 수시로 일어났다. 혹시 그러한 투쟁에 휘말려 죽음을 당하지 않았을까? 특히 남편의 죽음을 애도하는 내용에서는 그런 추측을 하게 한다.

'누가 알았으랴. 남편이 먼저 돌아가 끝까지 나라의 정사를 돕는 지모를 다하지 못할 줄이야!'

문왕은 과연 무슨 일을 했는가?

여기에서 다시 당시 정치 상황을 짚어보기로 한다. 문왕은 앞의 무왕에 비해 나라의 기틀을 좀 더 튼튼한 바탕 위에 재구성하고 싶은 의욕이 많았다. 그것은 그가 치세기간에 여러 차례 도성을 옮겼고 그에 따라 대규모의 왕궁 건설공사가 진행된 점으로도 알 수 있다.

치세 기간에 거듭된 토목과 건설의 담당자는 당연히 일반 민중들이었을 터. 그들이 느낀 솔직한 감정은 어땠을까. 놀랍게도 그들이 당시에 품은 거친 감정의 정도는 정효 공주가 묻힌 무덤 탑의 속에서 나왔다. 벽돌에 새겨진 당시 장인의 여과되지 않은 욕설투의 글로 알 수 있다. 그에 대해서는 잠시 뒤에 소개하기로 하고, 계속해서 왕실 이야기로 돌아가 보기로 한다.

발해 3대 임금에 오른 문왕 대흠무는 앞선 무왕처럼 결코 강력한 군사 정책으로만 정치를 풀어나갈 수가 없었다. 무엇보다 당과 지속적인 무력 대결을 펼치려면 군사력의 지속적 충당이 전제되어야 했다. 또한 군사 정책은 내수 경기를 살릴 기회를 앗아갈 수 있었다. 나라를 세워 백성들에게 무엇보다 풍요로운 삶을 제공해야 하는 부담감도 컸으리라.

결과적으로 문왕은 대규모 건설공사를 추진하여 일자리를 마련코자 했던 듯이 여겨진다. 그것은 중경을 포함한 대규모의 도성 공사가 강행됐고, 모든 도성은 대외 무역로와 연결된 점으로도 충분히 알 수 있다.

그러나 연일 거듭되는 공사가 설령 일자리를 제공하는 것이라 하더라도 과연 백성들에게 적절한 보상책을 함께 한 것인지는 전혀 알 수 없다. 물론 문왕은 백성들에게 잠시의 고통을 참고 나면 배부르고 따뜻한 새 날이 올 것이라고 무마했을 것이다. 하지만 백성들이 거칠고도 험한 토목과 건설의 현장에서 불만을 완전하게 삭이기에는 뭔가 수단이 필요했을 법하다. 그런 차원에서 생각해볼 수 있는 점이 백성들에게 가장 모범적인 인간상을 드러내는 것이 아니었을까.

역사학에서 가정은 금물이라 했다. 하지만 역사적 결과를 합리적으로 해석하는 방법의 과정에서 합리적인 상상력의 동원은 때로 순기능을 지닌다. 여기서 문왕이 자신의 국토개발 프로젝트를 큰 무리 없이 추진하는데 내 세울 수 있는 모범적 인간상이 필요했다면 그들은 어떤 모습이어야 했는지 고민해보는 것도 유쾌한 상상이 될 터이다.

추정컨대 문왕이 대국민 홍보용으로 내세울 인물은 무엇보다 선명한 품성을 지닌 인물이어야 했을 것이다. 자! 만약 문왕이 그 같은 인물을 찾았다면 어땠을까. 아마 그는 발해 역사에 중요한 존재로 크게 부각되었을 것이다. 하지만 현재까지 노출된 그 어떤 발해역사 자료를 보아도 문왕대에 국민들에게 표상이 된 인물은 없다. 어쩌면 문왕은 당대 표상적 인물을 찾던 중, 자신의 네 공주를 잘 교육시켜 온 백성들이 고통의 시기를 감내하는 데 표준적 인물로 홍보하고자 하는데 생각이 이르렀을 가능성이 있다. 그것은 오늘날 발굴된 문왕의 두 공주 비문으로도 넉넉히 짐작되고도 남는다. 두 기록은 거의 같은 문투로 화려한 성품의 소유자로 인고의 세월을 순수한 정조 관념으로 버티었다고 윤색하고 있기 때문이다.

참고로 문왕은 737년에서 793년까지 재위했다. 그는 발해의 제3대 왕으로, 이름은 대흠무, 연호는 대흥이다. 그는 일본을 비롯한 다른 나라들과 외교관계를 맺었으며, 북으로는 불열말갈과 철리말갈을 포섭하였고, 또한 남쪽으로 용흥강 주변까지 발해의 영토를 확장하였다. 수도를 상경 용천부로 정했다가 다시 동경 용원부로 옮겼다. 문왕은 관직제도를 제정, 주자감 설립 등 정치와 문화 발전에 힘을 기울였다. 또한 당나라 등과 활발하게 교역을 하여 국가재

정을 강화하였다. 그의 딸 정혜공주와 정효공주의 무덤에서 발견된 비석에는 문왕을 가리켜 황상(皇上)이라 칭하고 있어 발해가 그의 대에 이르러 내부적으로 황제라는 칭호를 사용하였다는 것이 밝혀졌다.

한편 문왕은 일본에 보낸 외교문서를 통하여 발해가 고구려의 계승국임을 주장하였고, 자신을 고구려국왕 또는 고려국왕으로 칭했다. 문왕은 제5대 왕인 성왕의 조부이다. 그가 죽자 대원의가 왕위를 계승하였다.

여걸 홍라녀 설화

정효 공주와 관련하여 중국 연변 지역을 중심으로 전해지고 있는 '홍라녀(紅琴女)와 녹라녀(綠琴女)' 설화는 매우 흥미롭다. 홍라녀와 녹라녀는 말 그대로 '붉은 비단 여인'과 '푸른 비단 여인'이란 뜻이다. 그들은 발해 대흠무의 딸이라고 하며, 어릴 때부터 장백성모 불고륜바법이란 여무인의 제자로 무예를 익혔다. 대흠무란 곧 문왕이니 둘 중 하나는 정효공주를 설화로 꾸민 이야기일 수도 있다.

홍라녀는 오동성(敖東山)을 지키던 백의장군 은도바특리와 평생을 약속한 사이였다. 오동성은 지금 연변의 돈화현 육정산에 자리했던 발해 초의 도읍지다. 그러나 숙부인 대영사가 그녀에게 눈독을 들여 은도바특리 장군을 독살했다. 그런 뒤 대영사는 홍라녀에게 아내가 되어 줄 것을 간청했다.

홍라녀가 대영사의 청혼을 받아들일 리가 없었다. 그녀는 모든 것을 잊고 전쟁터에 참가해 거란군을 물리치는 데 큰 공을 세웠다. 그리고는 돌아와 연인을 독살한 대영사를 죽이고 자신도 자결을 하였다는 것이 홍라녀에 얽힌 설화다 그런데, 홍라녀에 얽힌 설화는 모두 13가지나 전해진다. 위의 내용처럼 발해 공주로도 등장하고 어부의 딸로도 나온다. 또 용왕의 딸, 황제의 며느리나 여동생으로 등장하는 설화도 있다. 위의 설화는 정효공주 묘에서 출토된 묘지석의 내용과 비슷한 점이 많은 편이다.

모범적 부부이던 정효공주와 그 남편을 이 세상에서 갈라놓고 마침내 서글픈 고혼이 되게 한 것은 정녕 무엇이었을까. 어쩌면 지겨운 권력 암투와 주체할 수 없는 인간의 사악한 욕심인지도 모른다.

백성들에게 모범이 되다

그런데, 비문과는 달리 벽돌에 새겨진 글이 당혹스럽게 한다. 시뇨산효(屎尿産孝) 즉, '오줌줄기 싸서 효를 낳았네'라는 글이 새겨진 벽돌이 정효공주 무덤 안에서 나온 것이다. 이것은 아마도 무덤을 조성하던 일꾼 중 누군가가 써서 넣은 것으로 보이는데, 아름다우면서도 정숙한 정효공주의 무덤에 도대체 왜 그런 벽돌이 들어 있는 것일까. 이는 어쩌면 당시에 나랏일에 동원되어 시달리던 사람들의 정서를 담고 있을 지도 모른다. 당시에는 도읍을 옮기는 등 곳곳에 대규모 공사를 벌여 백성들이 시달림을 받고 있었다. 거듭된 공사 때문에 고통스러워하던 사람이 그녀의 무덤에 넣은 것은 아닐까?

이런 추측을 하게 하는 것은 그녀가 '북금우의(北禁羽儀)'로 찬양받았다는 내용이 있기 때문이다. 북금은 북쪽에 자리한 금지 구역으로 궁성을 뜻하고, 우의란 본보기라는 말이다. 그녀가 궁성에 있는 공주로서 당대 사람들에게 모범적인 본보기와 같은 인물이었다는 뜻이 된다. 그러한 표현이 나온 것은 그녀에게 기대하고 있던 왕실사람들의 생각이 반영된 것으로도 풀이할 수 있다.

정효공주는 792년 6월 9일 36세에 죽었다. 그녀가 죽자 부왕은 조회를 파하고 크게 슬퍼하여, 정침(正寢)에 들어가 자지 않고 음악도 중지시켰다고 한다. 같은 해 11월 28일 염곡(染谷) 서쪽의 들에 장사지냈다.

한편, 공주의 둘째 언니인 정혜공주의 묘도 1949년 8월 중국 지린성 둔화현 육정산(六頂山) 고분군에서 발굴되었다. 이 묘에서도 묘지석이 발굴되었는데, 정효공주 묘에서 나온 묘지석과 동일한 부분이 많이 나온다. 따라서 한 가지 모델을 작성한 뒤 개인의 인적사항을 바꿔 넣은 것으로 보인다. 공주묘와 묘비가 육정산에서 발견됨으로써, 발해의 건국지가 돈화진의 오동산성(敖東山城)이 거의 확실하다는 것이 확인되었다.

비문에 의하면, 정혜공주 역시 남편을 여의고 혼자 살다 777년 4월 14일 40세로 죽었다고 한다. 정혜나 정효 모두 남편이 죽은 뒤 수절하였으며, 숙부의 혼인 제의를 거절하는 홍라녀의 전설에서 알 수 있듯, 발해에는 일부종사의 미덕이 있었음을 알 수가 있다.

정효 공주의 메시지

첫째, 자신의 의지대로 살고 있는가를 돌아보라. 정효 공주는 발해국 문왕의 넷 째 공주였다. 그런데 그녀는 언니인 정혜 공주처럼 매우 반듯한 삶을 살다간 여성이었다. 그녀의 삶을 전하는 '정효공주비문'을 보면, 정효공주는 '북금우의'로 궁궐의 본보기였다고 한다. 하지만 그녀와 그녀의 언니들은 문왕의 기대와 같이 훌륭하게 성장하여 궁궐의 본보기는 됐을지 모르지만, 급작스럽게 죽은 남편을 뒤이어 삶을 짧게 마감하고 말았다. 너무 부왕의 뜻대로만 움직이고 자신의 의지는 별로 드러내지 않은 그녀들은 결코 21세기의 모범적 여성은 될 수는 없다.

둘째, 주변의 의견을 경청하라. 모범적 삶을 살다간 정효 공주의 무덤 내부에서 발견된 '시뇨산효'라는 글귀는 '오줌줄기를 싸서 효를 낳았네'란 뜻이다. 곧이곧대로 풀자면 문왕이 허투로 방뇨한 결과로 정효 공주가 태어났다는 내용이 된다. 그러한 무덤 안 벽돌의 글귀를 통해 온갖 토목공사와 건축공사에 시달리던 발해국 백성들의 원망어린 목소리를 읽을 수 있다. 가정에 지나지 않겠으나 정효 공주 등 발해 왕실 내의 왕족들이 보다 주변의 말을 경청했더라면 정효 공주의 남편이 급작스럽게 죽거나 정효 공주가 뒤따라 일찍 죽는 경우는 일어나지 않았을 것이다.

셋째, 과감하게 시도하라. 정효 공주는 다양한 방면으로 적극적인 국가 흥성을 꾀하던 발해 문왕이 마치 시대의 대표적 모범녀인 양 키워진 존재였던 것으로 풀이된다. 그런데 정효 공주가 시대의 표상으로 아이콘이 되는 것에 머물지 않고, 좀 더 개혁적 분야에 고민과 지혜를 펼치던 존재였다면 하는 아쉬움을 느끼게 된다. 만일 정효 공주가 국가적 모범녀만이 아닌 생활고와 경제난에 시달리던 백성들의 안위에 좀 더 관심을 드러냈더라면 그녀의 삶은 온 민중의 뜨거운 사랑을 받던 대중적 본보기로 자리를 잡았을 터이다.

당나라 태화공주

정략결혼의 희생양

당나라 공주로 머나먼 위구르 임금에게 시집을 갔던 태화.

그녀는 2년 만에 왕이 죽자 기구한 운명에 빠져 들어가기 시작했다.

위구르에 닥친 온갖 수난을 다 짊어져야 했으며, 종국에 가서는

10만의 위구르 난민을 이끌고 당나라 땅에까지 돌아오는데,

그곳에서 기다리는 것 역시 슬픔뿐이었다. 국제 친선이라는 허울 속에

자신의 인생을 희생한 태화공주의 삶을 알아보자.

당나라 목종 황제의 여동생 태화는 어릴 때 타구(打球)를 매우 즐겼다. 타구는 말을 타고 공을 치며 노는 놀이다. 어린 공주라 말을 타기도 어려울 텐데, 긴 막대로 공까지 치며 놀았으니 여간 재주꾼이 아니었다.

당시 당나라는 주변 소국들과 다양한 외교 정책을 펼쳤는데, 특히 정략결혼을 통해 친선을 유지코자 하는 경우가 흔했다. 그래서 공주는 여염집 규수보다 못하다는 말도 돌았다. 아무리 어린 공주였지만 태화 역시 불안했다. 어쩌면 타구놀이는 그런 불안감을 잊기 위한 것인지도 모른다.

발해와 당나라, 위구르의 복잡한 관계

여기에서 잠깐, 9세기 초의 주변 정세를 살펴보자.

고대 일본에 관하여 엿볼 수 있는 책으로 「일본후기」라는 역사서가 있다. 그 책에 809년경 악기 다루는 전문인인 악사(樂師) 2명이 신라에서 일본으로 갔는데, 그 가운데 금사(琴師)가 있었다는 내용이 보인다. 금사라는 사람은 곧 가야금의 선생이었을 것으로 이야기된다. 또한 두 명의 악사는 현악기(琴)와 춤(舞)을 가르쳤다고 한다.

한편 그 당시의 가야금의 실물은 일본의 고대 보물창고라고 일컬어지는 쇼소원(正倉院)과 연관된다. 그곳에 지금까지 보존되어 오고 있는 두 개의 신라금이 있기 때문이다. 두 개의 신라금은 모두 819년이라는 절대 연대로 표시되어 있어 눈길을 끈다.

어떻든 809년에 신라 악사 1명이 가르쳤다는 현악기와 신라 악인 2명이 848년에 연주했다는 금은 모두 가야금이 틀림없을 것으로 여겨진다. 그 같은 이야기들은 무슨 의미를 지닌 것일까? 단순한 문화교섭? 하지만 그렇게 쉽게 말할 수 있는 것은 아닌 듯싶다. 모든 문화교섭의 이면에는 정치적 속셈이 깔려있기 때문이다. 짐작컨대 당시 신라 악인의 일본 진입은 발해와의 대치 국면을 고려한 문화·외교적 제스처일 수 있다.

한편 그 무렵 당과 발해는 어땠을까. 당시 당나라 조정은 이 곳 저 곳에서 벌어지는 군사적 정변에 통제력을 추스를 수 없었다. 그 같은 분위기 속에서 발해는 다시금 세력의 확장을 꾀했다. 「신당서」의 '북적발해전'의 기록을 보면 알 수 있다. 그 무렵은 발해의 10대 임금인 선왕 대인수의 시기였다. 그 때 발해는 이웃해 있는 말갈에 대한 복속정책을 펼쳤던 것으로 이해된다. 9세기 초엽 무렵에 흑수와 월희부가 당나라에 드나들던 것에 비해, 발해의 선왕대 이후에는 그들이 당나라에 나타나지 않는 사실은 그 같은 점을 뚜렷이 뒷받침한다.

쉽게 말해 당의 복속국인 것처럼 숨죽이고 있던 소국들이 더 이상 당의 조정에 발걸음을 하지 않았던 것이다. 「책부원귀」의 권972에 보이는 「외신부(外臣部)」의 기사가 그 점을 알게 하고, 관련 연구서인 「발해의 대외관계사」(한규철 지음, 신서원, 1995, 127쪽)에서도 같은 견해가 보인다.

여러 가지의 역사적 기록을 통해서, 발해는 9세기 초에 요양지역을 공략한 것으로 파악되고 있다. 그렇다면 당시 발해가 그처럼 요양지역으로의 군사작전을 성공시킬 수 있던 바탕은 무엇이었을까?

당시 당나라 조정은 이사도가 일으킨 반란과 이동첩이 일으킨 반란에 따라 지방 통제력이 급격히 약화됐을 터다. 발해는 그 같은 정세를 크게 활용하여 옛 고조선과 연관되며, 고구려의 땅인 요양지역의 공략에 나섰다고 풀이된다. 그런데 발해는 요양은 물론 신라에도 압박을 가했던 것으로 파악된다. 「발해국지장편」에 따르면, 발해는 신라에 대한 정벌을 시도했다고 씌어 있다.

더불어 발해는 국가 발전에 긴요한 교역 활동에도 각별한 노력을 기울였다. 823년 이후 발해가 매번 100여 명의 인원으로 편성된 사절단을 배 한 척으로 파견한 것을 보면 그 같은 풀이가 가능하다. 당시 발해가 펼친 대외 교역 활동의 바탕이 역시 뛰어난 조선 기술과 해양력을 갖춘데 따른 결과임을 짐작케 하는 대목이다.

그 무렵 당나라 황제인 목종은 발해의 움직임 말고도 머리를 지끈거리게 하는 문제로 괴로웠다. 티베트가 무시하지 못할 군사력을 갖추고 변경을 위협했기 때문이다. 그런 까닭에 티베트 세력을 견제할 만한 위구르는 일종의 거래를 꾀하고 있었다. 대들지 않을 테니 자신들과 친구가 되어봄이 어떻겠냐는 격이었다. 그런 까닭으로 위구르의 칸은 당나라의 황제에게 황실의 공주를 시집보내라고 요구하고 있던 터였다.

공주로 태어난 슬픔

이런 상황에서 가장 먼저 떠오른 사람은 태화 공주의 언니 영안 공주다. 그녀는 태화보다 더 불안했다. 혼례를 치를 나이가 되었으니 말이다. 그러던 어느 날 마침내 위구르의 칸이 양국의 친선을 위해 공주와의 혼인을 제안해왔다. 그렇잖아도 숨죽이고 있던 공주들은 올 것이 왔다는 생각에 모두 우울해졌다. 특히 순서상 혼인할 차례가 된 영안공주는 그 소식을 듣자 초죽음을 당한 듯 얼굴빛이 하얗게 질렸다. 죽고도 싶고 도망도 치고 싶었으리라.

'차라리 도를 닦는 도사가 되면 어떨까?'

영안은 그런 생각도 했다. 그런 마음 때문이었을까? 어느 날 위구르에서 사신이 오더니 칸이 서거했다고 전하는 것이 아닌가. 영안은 그 소식을 듣고 얼굴이 환하게 펴졌다. 하지만 고민스런 문제가 완전히 해결된 것은 아니었다. 위구르에 새로운 칸이 즉위하면 영안공주는 시집을 가야 할 것이 아니겠는가.

그녀는 고민 끝에 황제에게 나가 말했다.

"여도사가 되겠사옵니다."

통곡을 하면서 그렇게 말하니 황제도 어쩔 수 없었는지 영안의 말을 들어주었다. 영안이 궁궐 생활을 정리하고 떠나자 태화는 만사가 심란했다. 또 다시 혼인문제가 거론되면 자신의 차례이기 때문이다.

언니와 뒤바뀐 운명

아니나 다를까. 새로 즉위한 위구르의 칸은 당나라 공주와 혼인을 하고 싶다는 연락을 보내왔다. 이에 목종은 태화를 시집보내기로 결정했다. 위구르의 칸은 자국의 공주들을 보내어 태화를 데려오도록 하였다. 그리하여 821년 가을에 태화는 위구르로 떠나게 되었다.

태화공주의 행렬은 우선 북동쪽의 황하를 건너고 태원을 지나 국경 쪽으로 다가갔다. 그곳에 살던 위구르 사람들은 공주를 환대했다. 공주의 곁에는 늘 시녀들이 있어 불편한 점은 없었다. 그들은 옷을 입혀 주고, 음식도 마련해 줬으며, 타고 갈 낙타도 준비해주었다. 저녁 무렵에는 비파의 아름다운 선율이 귀를 즐겁게 해주었고, 따뜻한 목욕물에 몸을 씻고, 진귀한 음식으로 식사를 하면 그 뿐이었다. 곳곳에 설치된 천막 안에는 그녀를 위한 도구와 물품이 언제나 준비되어 있었다.

태화공주는 위구르 공주들이 가르쳐주는 위구르의 풍습과 일상적 문화에 관한 안내에 귀를 기울였다. 그들의 생활 풍속을 속속들이 눈여겨보고 이해하려고 노력했다. 중국 황실에서는 구경한 적이 없는 외국 물품과 문화에 적극적인 관심을 나타냈으며, 기이한 과일과 향기로운 차, 그리고 페르시아 땅에서 건너온 아름다운 자기 따위를 보면서 국제 친선과 평화의 의미를 다시금 되새겼다.

그러나 고국의 풍광과 전혀 다른 이질감을 쉽게 극복하긴 어려웠다. 공주는 신혼길 곳곳에 이를 때마다 스치는 향수를 겨우 참아내야 했다. 먼저 이국땅으로 시집왔던 옛 공주들을 떠올리며 자신의 처지를 스스로 달래기도 했으며, 주변의 풍경과 사무치는 향수를 글로써 옮겨 보기도 했다.

마침내 태화공주의 신혼 행렬은 기나긴 여정을 마치고 위구르의 수도에 들어섰고, 그녀는 정식으로 위구르의 왕비에 올랐다. 그녀는 위구르 왕실의 안주인으로서 품격을 지켰으며, 그녀의 행동은 위구르 전체 여성의 모범이 되었다.

불행한 위구르 왕비

그러나 행복은 그리 오래가지 않았다. 결혼한 지 2년 만에 칸이 사망하고 말았던 것이다. 위구르의 풍속에 따라 그녀는 죽은 칸과 같이 죽어야 했다. 그것도 스스로 목숨을 끊어야 한다는 것이다. 그러나 공주는 도저히 그럴 수 없었다. 칸을 따라 죽지 않겠다고 하자, 칸의 죽음을 애도하는 의미로 얼굴에 상처를 내라는 것이었다.

그녀는 죽는 것보다는 사는 길을 택했다. 결국 그녀의 얼굴에는 붉은 피와 함께 흉측한 상처가 패였다.

공주는 자신의 얼굴을 보고 너무 슬펐다. 새삼 왜 자신이 이러한 기막힌 상황에 처해야 하는지 괴로웠다. 하지만 모든 것은 태화공주 자신의 문제였다. 애초에 언니인 영안공주가 여도사로 출궁하려고 할 때 사실상 그에 강력한 반대를 하지 않던 자신이 아니었던가.

'그래 바람처럼 살련다.'

태화공주는 어금니를 깨물며 다짐했다. 변덕스럽고 모진 세상에 내 자신만을 내세우기보다는 한 줄기 바람으로 살리라. 흘러 가는 대로 살리라. 모든 이들이 원하는 대로….

위구르의 궁정 풍속에 따르니 태화공주에게 더 이상 간섭하는 사람이 없어 홀가분했다. 얼굴의 상처는 일종의 훈장이라도 된 느낌이었다.

825년 새로운 칸이 즉위했다. 공주의 고국에서도 축하 사절단이 왔으며, 그들은 공주를 알현했다. 그러나 공주의 얼굴에는 커다란 상처가 있는 것이 아닌가. 사신들은 공주의 처지에 모두 엎드리고 말았다. 공주는 반가움과 복받치는 서러움이 가슴 한 구석에서 함께 일렁였다. 그녀는 사절단을 따라서 귀국하고 싶은 욕구가 치밀어 올랐다. 결국 그녀는 말을 꺼냈다.

"본국으로 가고 싶소."

사신은 그녀의 말을 듣고 곰곰이 생각에 잠겼다. 그러더니 머리를 숙이며 말했다.

"만약 그렇게 되면 다른 공주가 대신 와야 할 것입니다."

그의 말을 듣자 희망이 풍선 터지듯 사라져버리고 말았다. 돌아가도 문제였다. 흉측한 자신의 얼굴을 보고 사람들이 놀릴 것이 분명했다. 온갖 비난과 조롱을 들을 것이다.

마음을 다잡은 공주는 돌아갈 사신 일행에 선물을 주었다. 그런데 그 선물은 엉뚱하게 사람이었다. 말을 잘 타는 다섯 명의 여자 궁수와 소년 두 명이었다. 조국 땅에 위구르의 사람들처럼 강인한 기상을 갖춘 무인들이 많이 생겨나길 바라는 뜻이었다.

피난 떠나는 태화

중국 사절단이 돌아가고 난 뒤 공주는 일상으로 돌아갔다. 그녀는 왕실의 어른으로 그 품격을 더욱 굳건하게 갖추어 유지하려 애를 썼다. 세월은 점점 흐르면서 공주는 세상의 어떤 풍파에도 흔들림이 없을 정도로 강인해져갔다.

그런데, 832년 일단의 무리들이 음모를 꾸며 칸과 많은 대신들을 몰살하는 참극이 벌어졌다. 반역 세력은 많은 사람들을 죽였지만 태화공주의 몸에는 털끝 하나 건드리지 않았다. 그녀가 중국의 고귀한 공주 신분이었고, 우호적인 친선의 중심추로서 역할을 하고 있었기 때문으로 풀이된다.

위구르는 이어 또 다른 시련을 맞이했다. 키르기스 군사들이 침공해온 것이다. 그들은 반역자를 색출해 내 그중 핵심인물 두 명을 처형하였다. 그러자 다시 처형된 세력에서 보복을 해오는 등 이내 왕실은 아수라장으로 변했다. 게다가 839년에는 폭설이 내리면서 가축들에게 먹일 사료가 바닥나고 수만 마리의 가축이 굶어 죽는 사태가 이어졌다. 그런 와중에 또 다시 키르기스 군사들이 침공하니 위구르는 수도가 함락되고 말았다.

태화공주를 비롯한 왕실 사람들은 난민들을 이끌고 서둘러 피난 길에 올랐다. 가는 곳마다 농가는 텅텅 비어 있었다. 위구르에는 어떤 희망도 존재하지 않은 듯했다. 그렇게 피난을 가다 보니 어느덧 중국과의 국경에 이르렀다. 멀리 중국 땅이 보이자 공주는 눈물이 주르륵 하고 흘리고 말았다.

공주는 억눌린 감정을 진정하면서, 당나라의 국경 수비대에 전갈을 띄웠다. 자신의 신분을 밝히며 위구르 난민들을 위한 식료품과 옷가지를 공급해 달라는 내용이었다. 당나라의 국경수비대는 피난민의 중심에 태화공주가 있다는 사실에 놀라며 어쩔 줄 몰라 했다. 엄청난 식료품과 옷가지를 공급하는 문제도 쉽게 풀 수 있는 사안이 아니었다. 하지만 공주는 자신을 의지하는 가련한 위구르 난민의 어머니처럼 간절하게 호소하고 있었다. 결국 당나라의 국경수비대는 그 같은 사실을 상부에 알려 공주의 요청을 수용하였다.

아픔만 가득 안고 산 여인

그러나 이것이 비극의 시작인 줄은 아무도 몰랐다. 태화공주가 데려온 난민은 무려 10만 명이나 되었는데, 그들을 받아주려면 엄청난 물자와 경비가 드는 일이 아닌가. 결국 황실은 특단의 조치를 꾀했다. 국경 근처에 대규모의 군대를 배치하고 적절한 시기에 피난민 촌락을 기습하여 위구르 난민의 주력군을 무너뜨린다는 계획이다.

843년의 봄 마침내 계획이 실행되니 당나라 군사들은 위구르 진영을 마구 공격해대는 것이었다. 곳곳에서 피투성이가 되어 난민들이 죽어갔고, 겨우 추위를 가릴만한 천막들이 불길에 휩싸였다. 그들이 돌아간 뒤 난민촌은 그야말로 쑥대밭이 되고 말았다.

공주는 절망했다. 차라리 칸을 따라 일찍 죽었더라면 그 같은 슬픔은 맞이하지 않았을 것이라는 생각이 들 정도였다. 그녀는 지쳐버렸다. 어디로도 갈 수 없었다. 그녀는 자신을 호위하는 몇 명의 군사를 대동하고 당나라로 들어가기로 했다. 그 사실이 알려지자 황실은 술렁였다. 대부분의 대신들은 공주를 막아야 한다며 반대했지만 황제는 달랐다.

"나는 태화를 생각할 때면 가슴이 미어질 듯했소. 이역만리에서 얼마나 고국을 그리워했겠는가?"

황제는 태화공주를 머나먼 위구르로 보낸 오빠로서 죄책감이 밀려왔던 것이다. 그 말에 더 이상 반대의 의견을 말하는 신하는 없었다. 이어 황실은 되돌아오는 태화공주를 맞이하는 준비에 들어갔다. 황궁의 문 앞에서는 조촐한 행사가 펼쳐졌다. 공주를 끝까지 지키고 있던 위구르 호위병들은 되돌려 보내졌고, 공주는 그토록 꿈에 그리던 황실에 들어설 수 있었다.

역사를 말하는 이들은 태화공주를 두고 흔히 있던 정략결혼의 희생양에 지나지 않았다는 단순한 평가를 내릴 것이다. 그러나 그녀는 위기의 순간마다 상황에 적합한 순리에 나름대로 충실하고자 애쓰던 인물로 평가할 수 있겠다. 또한 그녀는 위구르에 가 있는 20여 년 간 국제 친선의 중심추로서 자신의 역할을 묵묵히 다한 인물이라고 말할 수 있겠다.

태화 공주의 메시지

첫째, 준비하면 이겨낼 수 있다. 머나먼 위구르의 땅으로 시집을 가게 되는 운명에 처하게 된 태화 공주는 소녀시절에 말에 올라타고 타구를 내려치던 당당한 파워 걸이었다. 여느 사내 못지않은 당참과 굳건함으로 일상을 보내던 태화 공주였기에 그 어떤 고난도 이겨낼 수 있었다고 헤아려진다.

둘째, 굳건하게 운명을 맞이하라. 애초에 위구르의 칸에게 시집을 가게 될 예정이던 영안 공주는 차라리 궁궐을 나가 도사의 삶을 살지언정 위구르 땅으로는 가지 않겠다며 버텼고, 그 결과 태화 공주가 위구르의 칸에게 시집을 가게 됐다. 태화 공주도 거부할 수 있었으나, 그녀는 결코 언니처럼 행동하지 않고 주어진 길에 묵묵히 임하였고 당당한 위구르의 왕비로 의연하고자 애를 썼다.

셋째, 나의 역할을 분명히 깨달아라. 위구르 왕이 죽자 태화 공주는 전통 습속에 따라 순장될 처지에 놓였는데, 얼굴에 상처를 내는 것으로 위기를 모면했다. 그런데 새 위구르 왕의 즉위를 축하하고자 찾아온 고국 당나라의 사절단이 오자 귀국을 꾀했으나 했고 깊은 실망을 느낄 수밖에 없었다. 그리고 이내 위구르는 정변에 휩싸였고 또한 외침을 받아 대혼란의 위기에 빠져들었다. 태화공주는 전란의 공포와 고난에 무방비로 허덕이는 엄청난 피난민 대열의 중심에 서서 난민의 지도라는 숙명적 역할을 피하지 않았다.

넷째, 주어진 상황에서 최선을 다하라. 태화 공주는 모진 광야를 뒤흔드는 바람처럼 20년에 걸쳐 이국 지역에서 삶을 거칠게 살았다. 매번 뒤바뀌는 상황에 그저 좌절하거나 깊은 낙담에 빠지기 보다는 늘 다부진 의지로 최선을 다하려고 한 그 생활관은 무한 경쟁의 시대인 21세기에도 유의미한 미덕이라 할만하다.

지은이 **박 선 식**

- 1964년 충남 공주 탄천 유하리 출생
- 단국대학교 문과대에서 사학(문학사)을, 같은 대학교 사범대에서
  한문교육학(문학사) 전공, 역사 및 한문교과중등정교사자격 취득
- 2001년 이후 동아시아 상고영웅인 '치우'와 '헌원'을 연구하면서,
  동시에 현녀와 소녀 그리고 웅녀 등 동아시아의 상고시기 여성들의
  삶을 공부
- 한국고대여성의 삶을 테마로 '하백여랑도'를 그렸고, 어린 딸아이가
  장차 다부진 여성으로 살기를 바라는 마음을 담아
  '발해여장부홍라녀출정도'를 그려 한국한겨레예술협회 도록에 게재
- 연세대학교 한국학석사과정에서 한국학(한국고고미술사)을 공부,
  더불어《주역》《한국건축문화사》등과 무악서당의 한문학 강독에 참여
- 청소년과 성인 대상으로 고전강독을 했으며, 특히 수원의 '둠벙'에서
  2년에 걸쳐 초중생 대상으로 이승휴선생의《제왕운기》를 가지고
  역사와 기초한문 강의
- 서울시의 승인을 받아 훈련단을 꾸려 조선궁중상무훈련 '삼갑전'
  복원 및 시연
- 저서로《한국문화사》(서울시강의교재로 저술)
  《치세에 붓을 들고 난세에 칼을 차니》(연경문화사)
  《위풍당당 한국사》(베이직북스) 등 발간